Les Voyages Cosmiques de Sirius et Staila

Des Alpes à la Lune

par

Jitka et Václav Ourednik

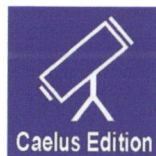

Caelus Edition

www.caelus.club

Les voyages vosmiques de Sirius et Staila - Des Alpes à la Lune
Traduit de l'anglais par Matilde Bingemer et Ida Friedmann
Copyright © Caelus Edition 2015
ISBN: 978-0-9863486-4-8 Hardcover
ISBN: 978-0-9863486-3-1 Softcover

Cosmic Travels of Sirius and Staila – From the Alps to the Moon
Traduit de l'allemand par Václav Ourednik
Copyright © Caelus Edition 2015
ISBN: 978-0-9863486-0-0   Hardcover
ISBN: 978-0-9863486-2-4   Softcover

Vesmírné výpravy Síria a Staily – Z alpských velehor na Měsíc
Original Tchèque
Copyright © Caelus Edition 2014, 2015
ISBN: 978-0-9863486-1-7   Softcover

Die Weltraum-Reisen von Sirius und Staila – Von der Val Müstair zum Mond
Original allemand
Copyright © Südostschweiz Buchverlag 2013
ISBN: 978-3-90-60-64   Hardcover

Couverture et illustrations : © Jitka Ourednik

www.caelus.club

*À Ondřej, notre fils adulte,
et à tous les enfants - petits et grands,
pour lesquels leurs proches souvent ne trouvent pas assez de temps.*

CONTENU

Une adaptation radiophonique de ce livre, réalisée par les auteurs, est sortie en avril 2016. Une copie sur CD peut être obtenue chez *www.caelus.club* .

La Val Müstair

REMERCIEMENT

À Dorothéa et Thomas Hattich et Denis Lauper
pour l'édition du texte et à Jarmila Kašparová pour son assistance
aux illustrations.

Village Lü

E las stailas vi dal tschêl
Dischan quant cha´l muond ais bel.

Beaucoup d'étoiles brillent dans le ciel
Et nous disent combien la terre est belle

Tiré du poème rhéto-roman *Saira* par Chatrina Filli (1914-1983)

MAIS ILS EXISTENT VRAIMENT LES CONTES DE FÉES !

On dit que les enfants d'aujourd'hui ne croient plus aux contes de fées, que ce sont des histoires pour vieux, comme papa et maman. Mais comment pourrions nous reprocher aux enfants qu'ils aient perdu l'intérêt pour les contes de fées, alors que partout il y a tant de nouvelles découvertes qui sont à la portée de tous, grâce aux techniques les plus modernes, que ce soit à la télévision, la radio ou bien en cliquant avec la souris. Mais, malgré cela, nous sommes tout à fait certains, que les enfants s'accrochent à des histoires lorsqu'elles sont captivantes, qu'elles correspondent à la réalité, même si elles portent un brin de fantaisie. Ce sont des histoires de la sorte que l'on trouve dans ce livre. Nous allons plonger dans les profondeurs cosmiques de l'univers et nous allons rencontrer des dragons, des sorcières, des dieux et des royaumes fabuleux.

Nous allons voler par delà des géants rouges et des nains blancs et nous allons visiter des contrées où le temps est resté en suspens. Tout ce que vous lirez, pourtant, correspond à la réalité et décrit l'univers réel qui nous entoure.

Venez donc et constatez par vous même!

Les couleurs de la Lune

CHAPITRE 1:
L'OBSERVATOIRE DANS LES ALPES ET DEUX AMIS À QUATRE PATTES

Au milieu des sommets des Alpes du canton des Grisons, dans le coin le plus à l'est de la Suisse, se prélasse au soleil le village de Lü. Entouré d'une nature enchanteresse, le village surplombe une vallée très pittoresque : la Val Müstair.

Staila et Sirius

Les gens viennent de partout pour trouver le calme et de la nature vierge, ou bien pour observer et photographier les animaux et les plantes rares. Mais ils y trouvent aussi – chose de plus en plus rare de nos jours - un ciel nocturne dégagé et noir, parsemé d'étoiles brillantes. C'est ce genre de ciel noir qui nous permet de regarder dans la profondeur du cosmos et c'est pourquoi,

á la fin de 2009, l'Année International de l'Astronomie, un nouvel observatoire astronomique a été construit á Lü, pour tous ceux qui aiment les étoiles, la nature et les montagnes. Le nom de l'observatoire est *Lü-Stailas*, ce qui signifie *Lumière des Étoiles* en langue rhéto-romane des gens du pays d'ici.

Cet observatoire fut construit par deux chercheurs : Jitka et Václav. Après avoir quitté les grandes villes, ils demeurent au milieu de cette nature magnifique ensemble avec leurs deux amis à quatre pattes, le teckel Sirius et la chatte noire Staila. Pendant la nuit Jitka et Václav observent et photographient le ciel profond, écrivent des articles et même des livres comme celui-ci.

Constellation du Grand Chien

Sirius est plus âgé que sa copine noire, et il aime faire des dessins et lire, particulièrement des livres traitant de la nature et de l'astronomie, ainsi que des vieilles histoires et des légendes. Il est un très bon ami de la jeune et curieuse Staila. Bien que Staila taquine souvent son compagnon, elle l'admire et aime écouter ses histoires intéressantes et ses explications.

Les noms de nos deux personnages ne sont pas des noms quelconques. *Sirius* est l'étoile la plus brillante dans le ciel nocturne. Vous la trouverez dans la constellation du *Grand Chien*. D'après une légende, les dieux auraient élevés le chien Sirius et son Seigneur bien aimé, le chasseur Orion, dans le ciel, d'où ils brillent pour l'éternité en tant que symbole de la vraie loyauté. Et la petite chatte, noire comme la nuit au dessus de la Val Müstair, avec une touffe de poils blancs sur la poitrine qui rappelle une étoile, a reçu le nom de *Staila*. Le petit chien, quand il veut être particulièrement gentil, l'appelle Stéline.

Un jour, le soleil se coucha derrière les cimes des Alpes et embrasa de rouge le sommet blanc de l'Ortler. Finalement, cet ancien géant de montagne succomba au sommeil bien mérité. Un vent doux chantait sa mélodie parmis les petites branches dorées des mélèzes et l'air fut rempli d'un parfum merveilleux. Ooh! Quelle soirée magnifique! Le ciel devenait de plus en plus noir et la pleine Lune commença à

éclairer de sa lumi-ère froide toute la vallée. Staila et Sirius étaient éblouis par ce spectacle grandiose. Ils s'arrêtèrent de jouer et s'assirent l'un à côté de l'autre, très calmes, avec leurs têtes levées vers le ciel.

Heureusement que les routes du village alpin n'étaient pas illuminées et qu'il n'y avait pas de grandes affiches publicitaires illuminées comme c'est le cas dans les villes modernes. Là, malheureusement, les gens ne peuvent pas jouir de ce merveilleux spectacle naturel qu'est un ciel étoilé. La *pollution lumineuse* de notre planète prend constamment de l'ampleur et porte préjudice aussi bien à l'homme qu'aux animaux. Elle nous dérobe le sommeil et rend difficile la chasse nocturne pour beaucoup d'animaux. La lumière artificielle dérange les insectes et les oiseaux migrateurs lors de leurs vols et les pousse à se tromper de route, à se perdre et finalement à mourir. Même depuis l'espace on peut voir la planète illuminée par les lumières industrielles - un symbole du gaspillage d'énergie et d'argent.

C'est pour cela que les astronomes doivent trouver des endroits tels que les hautes montagnes, les déserts ou les îles solitaires. Ces endroits n'ont pas encore été atteints par la pollution lumineuse et il y règne des conditions atmosphériques favorables à l'observation de l'espace : un climat sec et un ciel ouvert et transparent grâce à l'air propre et calme.

Pollution lumineuse

Jitka et Václav ont longtemps cherché, en Europe centrale, un site adéquat pour leur observatoire. Ils l'ont trouvé haut dans la montagne qui surplombe la belle Val Müstair á presque 2000 m d'altitude, dans un petit village bien éloigné des grandes villes et á l'abri de toute lumière et des grandes pluies et nuages grâce aux chaines alpines. Pendant la nuit, on peut ainsi voir presque autant d'étoiles que si on était dans un désert ou sur une île isolée.

«Sirius», dit soudain la petite chatte, «sais-tu qui a placé ces belles étoiles là-haut dans le ciel? Et pourquoi ne tombent elles pas vers nous?»

«Mais, Staila», répondit son compagnon d'une voix gentille, car il aime bien que son amie lui pose des questions pour qu'il puisse faire valoir ses connaissances.

«Personne ne les a accrochées là-haut. Les étoiles sont des soleils qui oscillent dans l'espace. Elles se sont formées il y a très longtemps et elles sont tellement éloignées que lorsque nous regardons dans le ciel nous ne voyons que des petits points scintillants.»

«Alors tout ce que nous voyons là-haut est l'univers? J'ai entendu dire que l'univers est infini», s'étonna Staila.

«Oui, il est immense», dit Sirius, «et ce que nous voyons depuis la Terre, n'est qu'une toute petite partie. Dans l'espace il y a une quantité infinie d'étoiles et quelques-unes sont cent, même mille fois plus grandes que notre Soleil. Et comme le Soleil, beaucoup de ces étoiles sont entourées par des planètes qui eux-même possèdent leurs lunes. Étoiles, planètes et lunes forment ainsi ce qu'on appelle des systèmes solaires. Des milliers de millions - on dit aussi des milliards – d'étoiles et de systèmes solaires s'unissent pour former une galaxie et tournent autour de son centre. L'espace compte ainsi des milliards de galaxies et...»

«Attend, Sirius, pas si vite», pria la chatte, «je ne te suis plus. Alors, tu veux dire que notre système solaire avec la Terre fait aussi partie d'une de ces galaxies?»

Sirius dessine pour Staila des planètes et des galaxies

La Voie Lactée par-dessus l'Ortler

«Attends un moment, je vais plutôt te faire un dessin», dit Sirius, qui adore dessiner tout en expliquant. Aussitôt disparu, il réapparaît avec du papier et des crayons de couleurs et il commence immédiatement à dessiner pour Staila, des boules, des cercles et des spirales.

«Bien sûr, je ne peux pas dessiner toutes les galaxies, la feuille est trop petite pour cela. La Terre avec les autres planètes...»

Mais Staila l'interrompit à nouveau : «En fait, quelle est la différence entre un soleil et une planète?»

«Le Soleil est une étoile, qui brûle et qui produit une chaleur énorme. Une planète ne fait pas ça. Par contre, elle tourne autours son soleil qui l'illumine et la chauffe. C'est ce qui nous permet de voir nos planètes dans le ciel nocturne.»

Staila hocha la tête et Sirius continua :

«Donc, notre système solaire appartient à une galaxie que nous appelons la Voie Lactée. Ici, depuis la Val Müstair, nous pouvons bien la voir à l'oeil nu dans le ciel. Bien sûr, pas ce soir, car la pleine lune est beaucoup trop claire et elle éblouit presque toutes les étoiles. Mais regarde, j'ai ici une photo de la Voie Lactée, prise en été par-dessus l' Ortler lorsque la Lune ne brillait pas.»

Sirius prit la photo et pointa avec sa patte sur la bande d'étoiles toute claires au-dessus des montagnes : «Ça c'est notre galaxie. On l'appelle la Voie Lactée parce que, avec un peu d'imagination, on dirait vraiment du lait que l'on aurait renversé dans le ciel. Mais en vérité, notre galaxie est une énorme rondelle composée d'étoiles, de gaz et de poussière qui se déplace dans l'espace comme une île. Notre système solaire se trouve à peu près aux deux tiers de la distance entre le centre et la périphérie.»

La chatte regarda attentivement la photo et demanda : «Sirius, dis-moi ! Toutes les étoiles que nous voyons à partir de la Terre appartiennent donc à notre Voie Lactée?»

La galaxie Andromède dans l'espace

Légende d'Andromède et de Persée

9

«Oui, Stéline», confirme Sirius, «tu as raison mais à partir d'un endroit aussi noir que la Val Müstair, nous pouvons voir à l'oeil nu encore une autre galaxie. Elle est très loin de nous et même sans la lumière de la Lune, nous ne la voyons que sous la forme d'une petite tache grise. Regarde, je t'ai apporté sa photo. Il s'agit de la *Grande Nébuleuse d'Andromède* dans la constellation du même nom. Václav la montre souvent aux visiteurs de Lü-Stailas et il a pris cette photo d'ici avec un télescope.»

Staila admira la photo avec un grand intérêt et Sirius continua : «Cette galaxie spirale fût nommée Andromède d'après une jeune fille de grande beauté. Selon la mythologie Grecque, cette pauvre enfant, fille du roi Cepheus et de la reine Cassiopeia, était enchainée à un rocher comme sacrifice à un terrible monstre marin par des gens craignant la destruction de leur ville. Heureusement, la brave héro Perseus arriva juste à temps sur son cheval ailé Pegasus et sauva la princesse désespérée des griffes de ce monstre.»

Sirius leva sa tête vers le ciel et continua : «Pour voir plus loin dans l'espace, nous avons besoin d'un télescope.»

Staila regarda les photos avec grand intérêt : «Alors, à quelle distance se trouvent donc les étoiles que nous voyons à l'oeil nu et jusqu'où pouvons-nous voir avec un télescope?»

Le petit teckel réfléchit profondément : «Beaucoup de visiteurs qui viennent à Lü-Stailas posent la même question.

L'étoile la plus éloignée de notre galaxie visible à l'oeil nu, se trouve à peu près à 4000 années-lumière de distance. Notre galaxie voisine, Andromède, est à 2 million et demi d'années-lumière de distance. Mais avec un télescope nous pouvons voir des étoiles et d'autres objets qui se trouvent distants de milliards d'années-lumière, et...»

«Attends, attends, Sirius», l'interrompit Staila avec impatience, «qu'est-ce que c'est exactement qu'une *année lumière*?»

Sirius prit encore une fois les crayons de couleur et du papier. «Imagine une ville distante d'une heure en voiture et une voiture qui roule à 80 km/h. A combien de kilomètres se trouve cette ville?»

Staila regarda l'image et réfléchit à haute voix : «Peut être .... ? Mais non....ah, maintenant je comprends! La ville se trouve à 80 km de distance.»

«Bravo, et maintenant dis-moi, à quelle distance se trouve la Lune si la lumière de chez nous prend à peu près une seconde pour arriver?»

«Mais à quelle vitesse vole donc la lumière?», demanda Staila intelligemment.

Sirius tourna la feuille et fit un nouveau dessin : «Rien n'est plus rapide que la lumière. Elle parcourt en une seconde – ou avant que tu ne puisses dire vingt et un – 300 000 kilomètres. Si une fusée pouvait voler aussi vite, en une seconde, elle ferait 7 fois le tour de la terre.»

Staila fit un rapide calcul mental : '«Alors tu me dis que la lune se trouve à une seconde de lumière – elle est donc à 300 000 km de chez nous.»

«Très bien, Staila!», Sirius complimenta la chatte. «Et sais-tu à quelle distance est le Soleil? Les rayons du Soleil nous atteignent seulement après huit minutes et demie. Pendant ce temps, tu pourrais boire quelques assiettes de lait et moi je pourrais manger une grosse saucisse sans problème.» En faisant cette comparaison, Sirius se lécha déjà les babines.

Quelle est la vitesse de la lumière?

Sept fois autour de la Terre

«Et la lumière, qui nous parvient du centre de la Voie Lactée, a besoin de bien plus de temps encore pour nous atteindre. Imagine-toi, Staila, que cette lumière voyage pendant 30 000 ans!»

«Pourquoi on mesure la distance en espace avec la vitesse de la lumière?», demandait Staila en secouant la tête.

«Et bien, il est plus facile pour les astronomes de calculer les distances dans l'espace en année lumière plutôt qu'en kilomètres. Sinon, ils auraient à faire face à des nombres terriblement longs. Rien qu'une année lumière, ce sont déjà 9 460 528 400 000 kilomètres.

Il est déjà assez difficile à lire ce nombre: 9 billion, 460 milliard, 528 million, et 400 milles…»

«Ay Sirius, j'ai déjà le vertige avec tous ces gros chiffres et ces grandes distances», se plaignit la petite chatte.

«Mais, Stéline», continua le teckel pour apaiser son amie, «l'immensité de la Voie Lactée n'est pourtant rien comparée à l'infini de l'espace. On mesure en millions, que dis-je, en milliards d'années-lumière les distances à d'autres galaxies! Cela veut dire que la lumière que nous voyons à cet instant s'est mise en route il y a des millions ou milliards d'années. Donc, chaque fois que nous regardons dans l'espace, nous regardons en fait dans le passé - on voit l'histoire de l'univers!»

Staila se leva d'un bond, emportée par l'excitation : «Mais, Sirius, cela veut dire que la lumière peut voyager depuis bien plus longtemps que la Terre n'existe!» Elle était fière de pouvoir montrer qu'elle savait que la Terre était âgée de quatre milliards et demie d'années.

«Oui», haleta Sirius tremblant d'excitation. Il pensait exactement la même chose. Il continua à penser à haute voix: «Mais cela doit aussi être vrai en sens inverse. Si, par exemple, quelqu'un regarde la Terre depuis une autre planète éloignée de quatre mille d'années-lumière, il ne voit pas notre époque, mais plutôt les pharaons et la construction des pyramides.»

'«Et les dinosaures qui erraient sur la terre dans les temps préhistoriques maintenant disparus, seraient visibles sur des planètes à plus de 60 millions d'années lumières!», miaula la chatte en faisant trembler d'excitation sa petite queue.

Sirius et Staila se mirent à imaginer les distances d'autres mondes pour que leurs habitants puissent voir le passé de notre planète : la naissance de notre Terre, l'apparition de la première vie, des animaux et des plantes depuis longtemps disparus, l'époque glacière, où encore les chasseurs préhistoriques.

Doucement les paupières de nos deux amis devinrent lourdes après tant de réflexions. Dans leurs igloos de peluche, les deux tombèrent de plus en plus profondément dans des rêves infinis parsemés de planètes, d'étoiles, de galaxies lointaines. Ils voyaient des mondes étranges et des royaumes où des petites créatures à leur image ou d'autres tout à fait différentes regardaient vers la Terre. Mais elles ne pouvaient voir ni une Staila, ni un Sirius car les images des deux devaient voyager encore des millions d'années avant d'arriver dans tous ces mondes…

Sirius et Staila rêvent de mondes éloignés

CHAPITER 2 :
LE TÉLÈSCOPE MAGIQUE

Vous avez entendu? Le vent sifflait entre les branches des arbres et on entendit soudain des grincements et des martèlements. La petite chatte et le teckel se frottèrent les yeux. Il y a quelqu'un sur la terrasse! Sirius proféra un grognement et fit le tour de la propriété pour contrôler. Après un moment, Staila entendit une voix en sourdine. «Staila, ce n'est rien, ce n'est que le vent qui joue avec la porte de la coupole.»

Staila se rapprocha de Sirius sur la pointe de ses pattes : «Allons voir de plus près, Sirius», lui chuchota-t-elle à l'oreille malicieusement.

«Mon Dieu, Staila, tu m'as vraiment fait peur», jappa Sirius et respira profondément.

«Ne m'en veux pas, Sirius. Chaque fois que je vois les gens regarder les étoiles la nuit, j'ai toujours envie de leur demander si je peux, moi aussi, regarder une fois l'espace à travers le télescope.»

Est-ce que cela vous passerait par la tête que les animaux ont aussi certains désirs secrets? Sirius savait en fait, qu'il ne devrait jamais faire une telle chose sans permission, mais en voyant l'expression suppliante de son amie il dit : «D'accord, d'accord - pour cette fois seulement. Voyons voir. Fais attention de ne pas faire tomber l'ordinateur et de ne pas t'emmêler dans les câbles.»

Les deux animaux rentrèrent rapidement par la porte à l'intérieur de la coupole. Sirius montra à Staila : «Tu vois, ici ce pilier en métal supporte le télescope», Sirius pointa de sa patte l'appareil au centre du dôme. «Celui-ci nous permet de regarder dans tous les recoins de l'espace et découvrir plein de choses inconnues et fantastiques. Ensuite, on peut aussi les photographier.»

Mais qu'est-ce que c'est que ce bourdonnement et martèlement? Soudain, les amis entendirent une voix douce et profonde qui leur dit : «Soyez les bienvenus! Je n'avais pas remarqué qu'on avait frappé à la porte. Vous semblez vous intéresser à une observation de l'espace. Je peux certainement vous aider.»

Sirius et Staila, craintifs, se serrent. «Qui….qui est là? Qui parle?»

«Mais voyons – vous êtes en train de

me regarder … !»

«Oh ! Mon Dieu! Mais c'est le télescope – il parle!» La chatte, incrédule, regarda son camarade. Ce dernier secoua la tête et commença à renifler l'intérieur de la coupole.

«Et bien, puisque vous les animaux pouvez parler – pourquoi pas moi? Je me présente: je suis Robot, le Télescope. Je sais beaucoup et je peux faire beaucoup de choses. Ce que je ne sais pas, je peux facilement le trouver dans mon ordinateur et l'internet. Je peux voir à des distances énormes et quand je trouve un objet qui me plaît, je peux aussi le photographier.»

«Nom d'une pipe!», dit le teckel, enthousiaste. «Staila, le télescope nous parle vraiment!» Tout à coup il se rappela qu'il n'était pas poli de parler à quelqu'un comme s'il n'était pas là, alors qu'ils n'avaient ni frappé, ni salué.

«Bonsoir, cher Télescope, je m'appelle Sirius et voici ma camarade. Nous nous

Un ami nouvel

Le Télèscope raconte de lui-méme

excusons d'être entrés sans permission. Nous habitons ici, à l'observatoire et souhaitions vous rendre visite depuis longtemps.»

Le Télescope était visiblement content : «Mais je vous connais très bien. Vous êtes ceux qui courent souvent autour d'ici et jetez un coup d'oeil lorsque j'ai de la visite. Depuis longtemps j'avais toujours envie de papoter un jour avec

vous. Pour moi, ce serait un grand plaisir de passer une nuit magique en votre compagnie. Mais, si vous me permettez, j'aimerais vous demander quelque chose.»

Staila et Sirius acquiescèrent avec effusion. Ils pressentirent qu'une aventure extraordinaire les attendait.

«Le ciel nocturne a toujours éveillé la

curiosité de l'être humain. Mais savez-vous depuis quand se sert-on du télescope pour regarder dans l'espace?»

Sirius, un passionné des revues et des livres sur l'astronomie, le savait tout de suite : «Je crois que le premier télescope fut construit il y a quelques centaines d'années, mais il était beaucoup plus petit et plus simple que vous, Monsieur.»

Le Télescope acquiesça et ajouta : «Oui, c'est exact, le premier télescope fut construit au début du 17ème siècle. Il avait deux lentilles et manquait de miroirs comme je les ai aujourd'hui. Les lentilles étaient fixées à chaque bout d'un tube de métal. Le bout qui pointe vers le ciel, s'appelle *l'objectif*, et l'autre bout, celui par lequel vous regardez, s'appelle *l'oculaire*. Ce télescope était très simple et n'agrandissait que par un facteur de trois. Sur l'étagère au-dessus de vos têtes, il y a un livre avec une photo qui compare le premier télescope avec un moderne comme moi.»

Le Télescope reprit son souffle : «Lorsque nous regardons dans l'espace, nous voulons voir aussi loin que possible et bien sûr, voir tous les détails. C'est clair que plus une galaxie est grande et brillante, mieux nous pouvons la reconnaître. Un bon instrument, comme moi», dit-il avec fierté, «possède, un tube plus large et un grand objectif. Car, plus l'objectif est grand, plus il peut capter de la lumière qui sera ensuite transmise à notre vue à travers l'oculaire, ce qui aboutit à une image plus éclatante. J'ai même plusieurs lentilles installées devant et derrière mon grand miroir qui m'aident à améliorer la netteté des images. Mon agrandissement va jusqu'à 600 fois.»

Sirius et Staila regardèrent le Télescope avec admiration et prêtèrent une oreille attentive à ses explications.

«Autrefois, seuls les astronomes professionnels exploraient les cieux nocturnes. Mais de nos jours, n'importe qui peut observer les étoiles avec un télescope. Vous voyez cette grande boîte rouge sous mon tube ? C'est ma monture, - mon cerveau –toujours relié par ces câbles à l'ordinateur. Tous les programmes et données gardés dans sa mémoire me permettent de trouver des milliers d'étoiles ainsi que d'autres objets dans la profondeur du ciel. Ainsi, grâce à l'internet, je peux recevoir des ordres et des demandes ici au dôme et de n'importe où, même de l'autre bout du monde.»

Pendant ce temps, Sirius et Staila étaient complètement enthousiastes et supplièrent à l'unisson : «Oh ! S'il vous plaît, s'il vous plaît, peut-on voir quelque chose dans le ciel ce soir?»

Le Télescope était évidemment flatté par le grand intérêt de ses amis et leur souhait d'observer. Comme pour tous ceux qui aiment leur travail, c'est avec une vive émotion qu'il en parlait. Le murmure et le vrombissement électronique augmentèrent et, rapidement, une grande ouverture du dôme offrit la vue du ciel nocturne.

«Approchez-vous et dites-moi ce que vous aimeriez voir?»

Le chaton et le petit chien tournèrent leur tête vers l'ouverture du dôme. Leur regard s'arrêta immédiatement sur la pleine Lune argentée.

CHAPITER 3 :
D'OÚ PROVIENT LE CLAIR DE LUNE

«Le clair de Lune a quelque chose d'agréablement rafraîchissant, Staila», dit Sirius rêveur.

«Oui, ce soir j'aurais vu chaque souris qui passait en courant», approuva la chatte en connaissance de cause.

«Mais cela compte pour la souris également qui aurait aucun problème échapper à tes griffes saillantes», dit Sirius en rigolant. «Eh, oui, la chasse n'est pas très fructueuse pour nous chasseurs nocturnes pendant la pleine Lune», soupira-t-il.

«Voyez-vous toute ces ombres mystérieuses là-dehors dans le clair de Lune ?», chuchota Staila au poiĺ rebroussé, tout en fermant vite de l'intérieur la porte de la coupole. «On raconte que la pleine Lune a des pouvoirs magique, qu'elle favorise la magie. En période de pleine Lune les sorcières voleraient sur leur balai, et qu'à sa vue, les humains et les animaux seraient transformés en vampires et en loups garous assoiffés de sang…»

Le Télescope éclata de rire. Sirius, par contre, resta sérieux : «Je ne crois pas aux sorcières, ni aux loups garous assoiffés de sang, mais je dois reconnaître que nous les chiens, nous avons une faiblesse pour la pleine Lune. Sous l'influence de sa lumière argentée, nous sommes envahis par une grande tristesse et une grande nostalgie. Nous levons notre museau vers la Lune et gueulons bien fort pour que les autres chiens et les loups ne manquent pas ce moment magique. Mais d'où nous viennent cette tristesse et cette nostalgie - personne ne saurait le dire.»

Staila tomba dans une réflexion profonde: «Mais en fait, pourqoi la Lune brille-t-elle?»

«C'est une façon de dire. La Lune ne brille pas d'elle-même comme une lanterne ou une bougie», Sirius regarda son amie par-dessous ces sourcils. «Elle est illuminée par le Soleil et ici sur la Terre on ne voit qu'une partie des rayons réfléchis.»

«Mais le Soleil est couché depuis longtemps», rétorqua Staila.

«Oui, c'est vrai pour nous dans la Val Müstair, mais tu sais que la Terre est ronde et qu'elle tourne sans cesse autour de son axe devant le Soleil…»

«Axe?», demande la chatte.

Comme Sirius se débattait pour une explication, le Télescope intervint pour l'aider : «*L'axe de la Terre* est comme une fine tige qui traverse notre planète en son milieu et autour de laquelle elle tourne comme un ballon gigantesque. Il fait jour sur la moitié de la Terre faisant face au Soleil, il fait nuit sur l'autre moitié de la planète. Mais la Lune se trouve si haut dans le ciel, que même la nuit elle est illuminée par le Soleil et nous pouvons ainsi la voir.»

«Aha», dit Staila en continuant de réfléchir. «C'est comme ici dans la montagne où le Soleil brille encore à Lü et par-dessus les cimes, alors que dans la vallée il fait déjà noir.»

Magie de la pleine Lune

CHAPITER 4 :
LES SECRETS DE LA FACE DE LA LUNE

Entre temps, la Lune se trouvait haut dans le ciel et dans la coupole on se sentait bien dans cette atmosphère amicale et curieuse.

Le Télescope continua à demi voix : «Avez-vous remarqué mes amis que la face de la Lune change constamment ? Quelque fois un disque rond et argenté, puis un croissant tourné vers la droite ou vers la gauche ou encore, pendant certaines nuits, elle n'apparait pas du tout.»

Staila se redressa et entoura sa queue autour de ses pattes avant : «Mais oui, tout le monde a déjà bien remarqué cela!», dit-elle. «Je dois admettre que je n'en connais pas la raison. J'ai juste entendu des histoires et des légendes à ce sujet. Une d'entre elles nous vient des Indiens d'Amérique. Elle parle d'une magicienne qui tisse une corbeille autour de la Lune, car son but est de l'emmener sur la Terre pour qu'elle ne brille que pour elle seule. Jour après jour, les côtes de la corbeille grandissent de plus en plus pendant que la Lune disparait petit à petit. Pourtant, elle ne se rend pas compte à quel point son égosme a fini par fâcher les Dieux indiens. Leur colère était telle, qu'ils ont décidé de détruire la terre entière dès que la corbeille serait terminée.

Mais la sorcière est surveillée par un chien vigilant qui sait que la Lune doit briller pour tout le monde sur la Terre. Alors, à chaque fois que la sorcière est sur le point de finir sa corbeille, le brave gardien saute et lui arrache avec ses crocs la corbeille jusqu'à ce que la Lune soit entièrement libérée. Ainsi, la sorcière doit recommencer sa corbeille encore et encore...»

«Très bien! Mais comme vous le dites, c'est juste une légende», ajouta le Télescope.

«Mais, est-ce-que quelqu'un de vous pourrait me dire la vrai raison pourquoi la face de la Lune change?» Le robot fixa son regard monoculaire sur ses deux amis à quatre pattes.

Sirius faisait un clin d'œil à Staila pour qu'elle réponde, mais comme elle restait muette comme une carpe, il prit la parole : «J'ai beaucoup lu à ce sujet. La Lune tourne autour de la terre comme sa compagne fidèle - un *satellite naturel*...»

«Qu'est-ce que c'est qu'un satellite

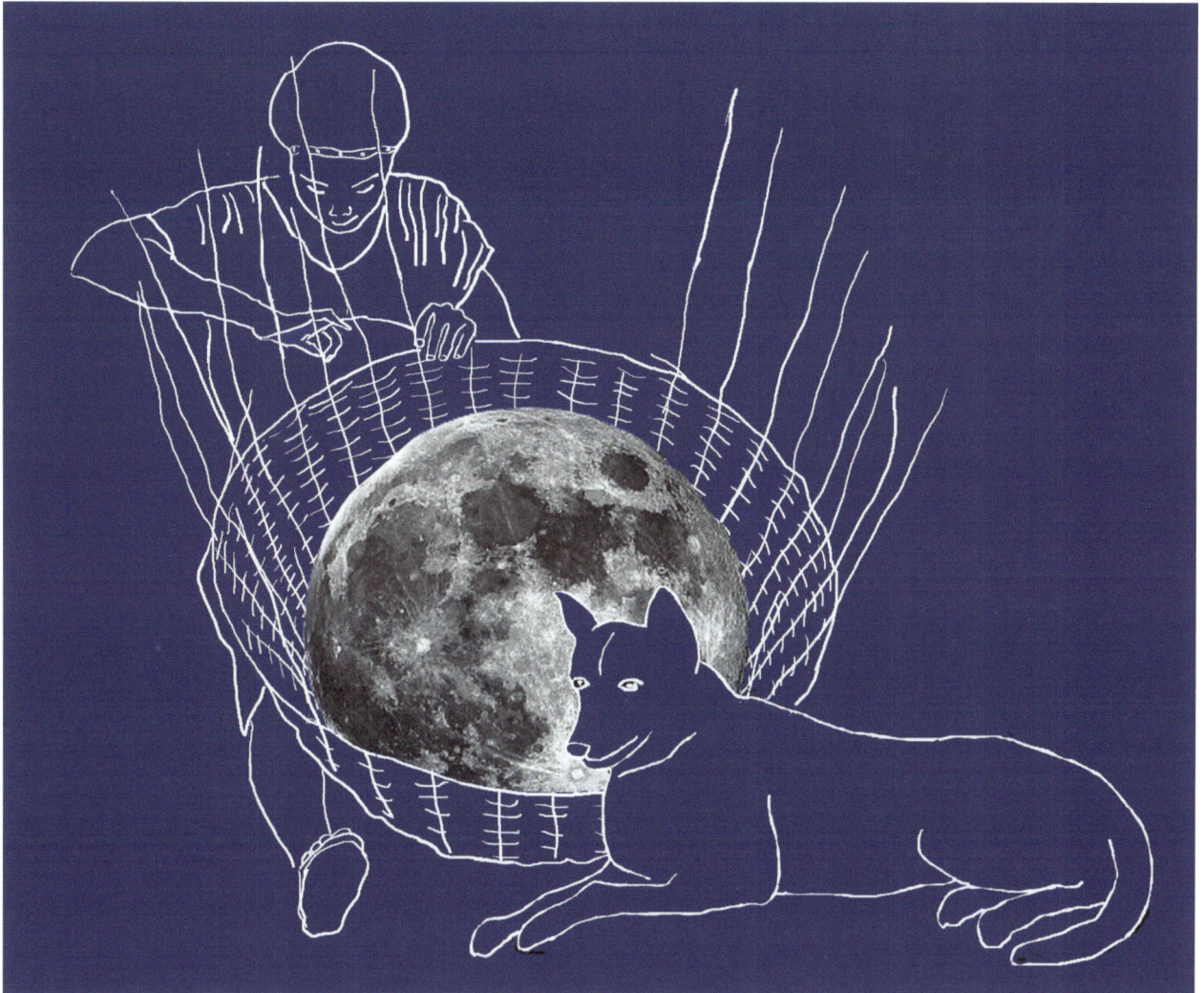

naturel?», interrompit Staila brusquement.

«Un *satellite naturel* est un corps céleste qui tourne autour de sa planète», expliqua le teckel, «on l'appelle aussi une *lune*. La Terre n'a qu'une lune, mais d'autres planètes du système solaire en ont plusieurs ou aucune.»

Avant que Sirius ne continue, Staila questionna à nouveau : «Y-a-t-il aussi des satellites qui ne sont pas naturels?»

Sirius réfléchit un instant et répondit : «Oui, mais on les appelle des *satellites artificiels*. Ils n'ont pas été créés dans l'espace, mais ont été fabriqués par l'homme, qui les a ensuite lancés dans l'espace dans une orbite autour de la Terre. Le premier de ces satellites nommé *Sputnik* fut lancé par les russes en 1957. Un an après ce furent les américains qui lancèrent un satellite

Explorer dans l'espace.

Aujourd'hui il y a plusieurs milliers de satellites qui tournent autour de la Terre. Ils sont très importants pour l'exploration de l'espace, de la météo, des communications téléphoniques, le contrôle de la circulation et la télévision. Même l'armée les utilise pour surveiller l'activité humaine.»

Sirius agita sa queue avec impatience: «Nous avons donc dit que la Lune est un satellite naturel de la Terre. Elle tourne autour de cette dernière dans la même direction que la Terre tourne autour d'elle même ou autrement dit, sa *rotation*, vue du pole nord, se fait dans le sens contraire des aiguilles d'une montre. Il faut 29,5 jours à la Lune pour compléter un tour autour de la Terre.»

«Et la Lune, tourne-t-elle aussi autour d'elle même comme la Terre?», demandait Staila avec curiosité.

«Oui, mais bien plus lentement. Là où la Terre prend 24 heures, la Lune nécessite 29,5 jours. Donc une journée lunaire est égale à une orbite de la Lune autour de la Terre.»

La petite chatte comprit et se rapprocha des copains. Sirius continua d'expliquer: «C'est pour cela que depuis la Terre nous ne voyons toujours qu'une seule face de la Lune - jamais l'autre. La Terre et la Lune s'attirent mutuellement. La

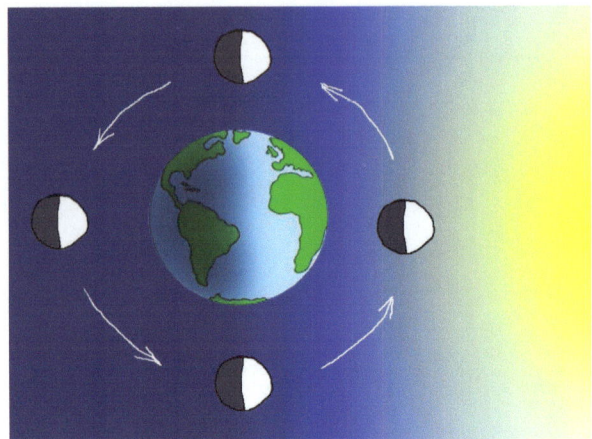

Lunation - vue de l'espace

Terre permet ainsi à la Lune, de ne montrer qu'une seule face. La Lune, par contre, soulève les mers et les océans causant ainsi, la marée haute et la marée basse.»

Sirius reprit crayons et papier et commença à dessiner : «Mais retournons vers la face changeante de la Lune. La raison de son apparition est le mouvement de la Lune autour de la Terre et sa position vis à vis du Soleil, par rapport à nous, qui l'observons depuis la Terre. Donc ce n'est pas, comme beaucoup le pensent, l'ombre de la Terre. Regarde, je peux te le démontrer sur ces deux dessins.

Le premier dessin nous montre la Terre, la Lune, et le Soleil, comme on les verrait de l'espace. Les rayons du Soleil parviennent de la droite. Ici, à gauche, je dessine la Terre. Pour montrer l'orbite de la Lune, je la dessine plusieurs fois et je relie chaque position avec des

Lunation – vue de la Terre

flèches pour démontrer le mouvement: une fois entre le Soleil et la Terre, ensuite au-dessus et puis à gauche – voilà - et enfin en dessous. La partie de la Lune détournée du Soleil est dans l'ombre, donc il fait sombre.

Le deuxième dessin nous montre comment la Lune nous apparait depuis la Terre. Pour te le démontrer je vais te dessiner toi Staila, comme tu es assise ici en observant le changement répétitif de la forme de la Lune. On appelle ces changements de cycles les *phases de la Lune* ou *lunation*.»

Le chien sourit et dessina son amie noire, assise sur la boule terrestre: «Admettons que tu regardes vers le ciel lorsque la Lune se trouve justement entre toi et le Soleil...»

«Attends», interrompit Staila son ami, en fronçant les sourcils, pendant que Sirius fit un petit cercle à la droite de la Terre, «cela veut dire que je regarde la Lune pendant la journée, et vu que la face que je vois n'est pas illuminée - je crois la Lune n'est pas visible du tout !»

«C'est juste, tu ne la vois pas», dit le chien, ravi d'avoir une amie aussi vive.

Sirius prit alors son dessin et rajouta encore un cercle entre le Soleil et la Terre, qu'il coloria complètement en noir, de façon à représenter la nouvelle Lune, celle que Staila ni personne d'autre pouvait voir.

«A partir de là, la Lune recommence graduellement à être visible dans le ciel nocturne, commençant par un croissant fin ouvert à gauche, qui devient de plus en plus lumineux jusqu'à ce qu'il ressemble à la *lettre majuscule D*. On dit à cette phase *le premier quartier*», et Sirius dessina, en direction de ses flèches, un autre cercle dont il noircit la moitié gauche, qui, durant cette phase, n'est pas visible de la Terre.

«Aussitôt le Soleil couché, le premier quartier de la Lune apparait très haut au sud. Sa moitié droite, qui est vu de la Terre – un quatrième de toute la surface lunaire - est éclairée par le soleil.»

«Je sais, je sais, comment cela continue!» Enthousiaste et impatiente,

Phases lunaires au-dessus de la montagne Ortler

Staila se leva d'un bond, prit le crayon de la patte de Sirius et commença à dessiner un cercle blanc à gauche de la Terre. «Lorsque je regarde notre Lune ici, je la vois complètement ronde et brillante.»

«Oui, formidable!» Sirius et le Télescope la complimentèrent à l'unisson. «C'est la *pleine lune*, qui monte à l'est lorsque le soleil se couche à l'ouest.»

La chatte sourit et regarda avec fierté ses camarades à tour de rôle.

Sirius reprit son crayon de Staila : «Dans les nuits qui suivent, la Lune commence à s'assombrir, jusqu'à ce qu'elle ne reste plus

qu'une faucille toute fine et argentée, cette fois de la forme *d'un C majuscule*.»

«C'est exact», dit le Télescope, «la Lune est alors *décroissante.*»

Sirius fit cette fois un cercle en dessous de la Terre avec la moitié droite en noir comme vue de la Terre : «Et c'est ainsi que la lune se présentera, Staila, une semaine après la pleine Lune, c'est à dire dans son *dernier quartier*.»

Le Télescope fredonna en approuvant : «Chaque phase de la *Lunation* – *nouvelle Lune*, *premier quartier*, *pleine Lune*, *dernier quartier* - prend un peu plus d'une semaine. Ensemble, elles durent, comme déjà dit, 29.5 jours.

Pendant longtemps la durée d'un mois était basée sur la Lunation dans *le calendrier lunaire*. Celui-ci fut remplacé par le *calendrier solaire* que nous utilisons aujourd'hui. Dans celui-ci, la longueur des mois est déterminée par la durée de l'orbite de la Terre autour du Soleil qui prend 365.25 jours. Une année a 12 mois et en divisant le nombre de jours d'une année par 12, nous obtenons la moyenne de la durée de chaque mois: 30.4 jours. Dans ce calendrier chaque jour a 24 heures qui correspondent à une rotation de la Terre autour de son axe. C'est ainsi pour que tout fonctionne, et pour éviter des changements de date des jours de fêtes et du début des saisons causés par les quatre dixième de jour…»

«Qui font 9.6 heures par mois!», la petite chatte interrompit le Télescope.

«Très juste, Staila!», acquiesça avec admiration leur ami robotique, «donc pour éviter des changements de dates causées par ces heures supplémentaires, il a été décidé d'avoir des

La Lune par-dessus le Piz Daint

mois de 31 jours suivis de mois de 30 jours avec moins d'heures. Le problème n'étant toujours pas complétement résolu, le mois de février est raccourci à 28 jours, et tous les 4 ans a 29 jours. Cette année est appelée, *Année Bissextile.*»

Le Télescope se tourna vers le mur de la coupole, qui était couvert d'images: «Voici une photographie que j'ai prise il y a quelque temps à Lü-Stailas avec Václav. En fait, ce sont 5 photos qui ont été soigneusement superposées dans l'ordinateur. On y voit la Lune au-dessus des montagnes de la Val Müstair, dans ses différentes phases. La pleine Lune se trouve au centre, juste au-dessus de l'Ortler et de chaque côté, à droite la Lune croissante et à gauche, la Lune décroissante. Sur les bords, on voit les croissants d'après et d'avant la nouvelle Lune.»

«Voilà un collage excellent», s'exclama Sirius, qui savait toujours apprécier le bon travail fait par autrui. Pas beaucoup ne sont capable d'honorer de cette façon la qualité des œuvres des autres.

«Y-a-t-il aussi un moment où il nous est possible de voir la lune pendant la journée?» s'enquit Staila.

«Mais bien sûr. Sur le mur là-bas, il y a justement une photo de la Lune pendant la matinée, par-dessus le Piz Daint» assura le Télescope. «La Lune est encore très haut dans le ciel à l'ouest et le Soleil brille déjà à l'horizon est. Même les étoiles ne s'arrêtent pas de briller pendant la journée. Seulement, nous ne pouvons pas les voir en pleine lumière. Mais comme la Lune nous apparaît tellement plus grande que les étoiles, nous pouvons la voir même pendant la journée.»

CHAPITRE 5 :
LORSQUE LA LUNE S'EMBRASE

Puisque Staila et Sirius étaient encore frais et plein d'intérêt, le Télescope ronronna doucement et demanda : «En fait avez-vous déjà vu une *éclipse lunaire*?»

«Oui, bien sûr et c'est un spectacle merveilleux!», dit Sirius, plein d'enthousiasme. «Le bord de la Lune commence soudain à devenir plus foncé et on dirait qu'un verre de montre, énorme et rouge foncé, passe devant elle.»

Éclipse lunaire

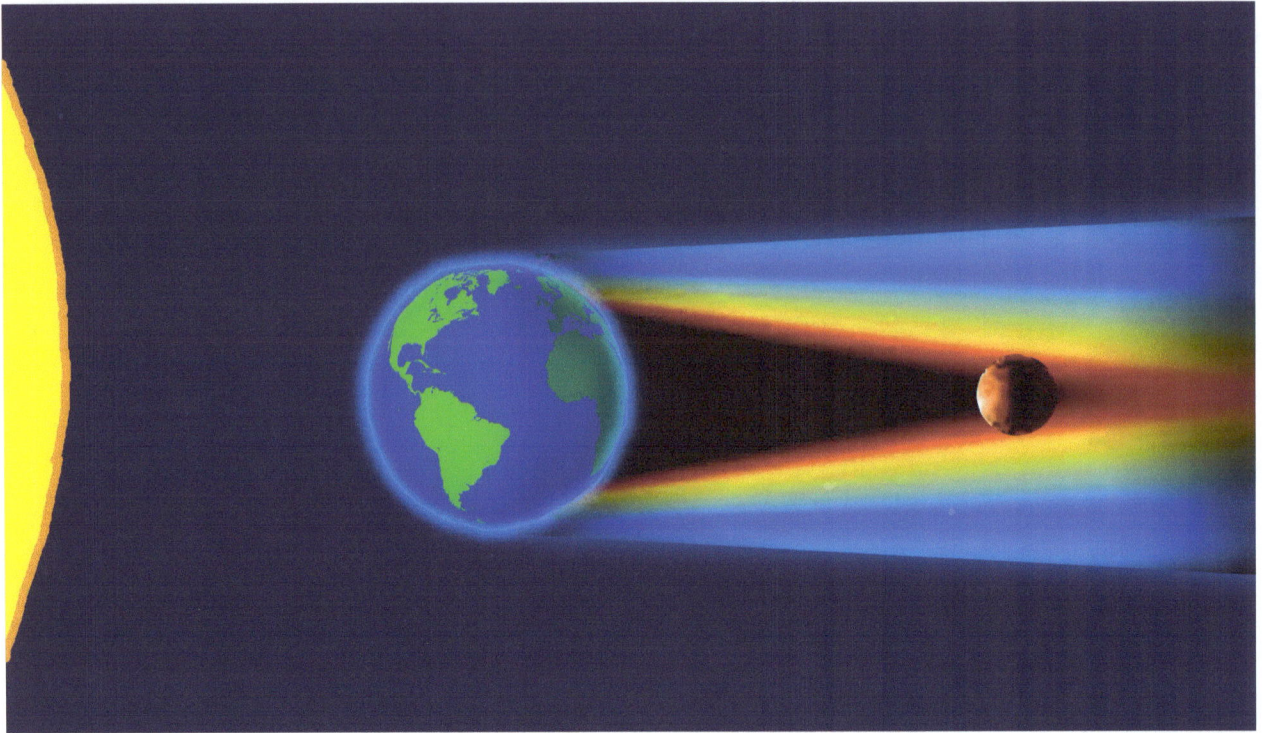

La Lune rouge

«Non, je n'ai encore jamais vu ça», dit Staila tristement, avec un grand soupir. Elle est un peu plus jeune que le teckel.

Le Télescope lui fit un clin d'oeil avec sa lentille oculaire et essaya de la consoler: «Allons, allons, soies un peu patiente – la prochaine éclipse viendra sûrement.»

Sirius continua, tout excité: «Cet évènement extraordinaire a lieu, lorsque la Lune entre dans l'ombre de la Terre. Si tu veux, Staila, je peux te le dessiner à nouveau.»

Staila devint tout de suite très curieuse et étira son cou pour mieux voir le dessin.

Pendant que Sirius dessinait, le Télescope expliqua : «Une éclipse lunaire a lieu deux à trois fois par an. Mais la plupart du temps, ce n'est qu'une partie de la Lune qui se trouve dans l'ombre et donc nous le remarquons à peine. On l'appelle alors une *éclipse lunaire partielle*. Seulement lorsque le Soleil, la Terre et la Lune se trouvent exactement alignés et se couvrent parfaitement, c'est le moment d'une *éclipse totale*. Evidemment, cela a lieu bien plus rarement. La dernière éclipse totale de la Lune en Europe a eu lieu le 28 septembre 2015 et a duré 72 minutes. La prochaine aura lieu le 27 juillet 2018 et durera 103 minutes!»

Sirius avait presque terminé son dessin: «Je dois attirer votre attention sur le fait que même pendant une éclipse lunaire totale, la Lune reste visible mais se présente avec une couleur rouge foncée mystérieuse. Cela est dû au fait que les rayons lumineux du Soleil passant dans l'atmosphère terrestre sont déviés par la réfraction atmosphérique. La lumière tombe en oblique sur la surface assombrie de la Lune...»

«Là, j'ai du mal à te suivre, Sirius», dit Staila un peu confuse.

«N'aie pas peur, un dessin pourra t'aider», dit Sirius en bon camarade, avec un ton rassurant, car il aime non seulement observer le monde autour de lui, il adore également dessiner toutes ses beautés et particularités.

«Les rayons du Soleil peuvent être décomposés en différentes couleurs et détournés de leur trajectoire. C'est ainsi que se forme un arc en ciel, par exemple, lorsque la lumière rencontre des gouttes d'eau. Mais cela arrive aussi lorsque la lumière de l'espace entre dans *l'atmosphère terrestre*.»

Sirius interrompit son explication, du dessous de ces sourcils regarda vers Staila. Savait-elle ce qu'est l'atmosphère?

«Ne me regarde pas comme ça!», dit la chatte qui se sentit visée, «bien sûr que je sais ce qu'est l'atmosphère terrestre. J'habite quand même à Lü-Stailas et j'ai déjà appris de ci, de là, certaines choses des astronomes. L'atmosphère, c'est la fine couche de gaz qui entoure la terre et qui contient, entre autres, oxygène et eau, qui sont essentiels pour vivre.»

«Bien», Sirius souriait tranquillement et dessina la Terre entourée d'une couche atmosphérique bleu.

«Tu vois, les rayons du Soleil viennent d'ici. A propos, on ne voit la lumière dans l'espace vide que si elle brille directement dans l'œil ou si elle tombe sur un objet.»

«Tu veux dire comme la Terre ou la Lune?», Staila lui coupa la parole.

«Oui, exactement, les rayons du Soleil illuminent les planètes et leurs lunes comme un projecteur et quand il arrive sur Terre il illumine également l'atmosphère.»

«Mais pourquoi l'éclipse de la Lune nous apparait-elle rouge?», Staila en revint à sa question originale.

«Lorsque les rayons du Soleil entrent dans l'atmosphère ils sont dispersés et refractés. La couleur bleu est la plus éparpillé et le rouge le moins. C'est ainsi que, finalement, c'est la partie rouge de la lumière qui arrive à la Lune et lui donne une couleur rouge-foncé.»

Evidemment, tout le monde s'amusait bien et profitait de cette soirée parfumée. Dehors, dans le calme nocturne, brillaient la Lune et les étoiles. Le gazon et les fleurs alpines dégageaient un parfum merveilleux qui embaumait l'air.

CHAPITRE 6 :
POURQUOI ON NE PEUT PAS SE BAIGNER DANS LES MERS DE LA LUNE

«Mes chers amis», annonça le Télescope, «je vous ai préparé un beau spectacle.»

Staila et Sirius regardèrent leur ami érudit avec beaucoup d'attention et de curiosité et tendirent les oreilles pour ne pas manquer un mot de ce que le Télescope allait dire.

«D'abord une question: lorsque vous regardez attentivement la Lune, vous voyez même à l'oeil nu, des endroits foncées et d'autres plus claires — l'Homme dans la Lune.», le Télescope accentuait les derniers mots, «Qu'est-ce que cela peut bien être?»

«Et bien..., je dirais que c'est le paysage lunaire... Les taches foncées pourraient être des océans ... et les plus claires de la terre ferme», dit en hésitant Staila.

Sirius contrecarra tout de suite : «Mais sur la Lune, il n'y a pas d'eau liquide, ni d'atmosphère.»

Le Télescope par contre défendit la chatte : «En fait, tu as presque raison, ma petite étoile. Les taches sur la Lune ont été pendant longtemps un grand mystère. Il y a beaucoup d'histoires et de légendes qui courent à ce sujet. Ce n'est qu'avec les progrès de la science et de l'observation que l'on a pu déterminer que la surface de la Lune était faite de pierres et de gravier et que le paysage était aussi formé de montagnes, de mers et de vallées profondes. Mais surtout on y trouve des cratères partout!

Mais Sirius a également raison - de l'eau et de l'air comme sur la Terre on n'en trouve pas. Il y a quelques années, des astronomes ont découvert des cristaux de glace incrustés dans les rochers et même des traces d'une très fine couche d'atmosphère, mais cela n'est de loin pas suffisant pour y vivre comme nous le faisons sur la Terre.»

Staila semblait un peu déçue, et ces moustaches se baissent, mais la giration soudaine du Télescope et ses ronronnements réveilla sa curiosité.

«Et savez-vous qui a été le premier à observer la Lune par un télescope?», demanda-t-il enthousiaste. Puisque personne ne répondait, il continua : «Ce fut l'érudit *Galileo Galilei*, qui vécut entre le 16è et le 17è siècle, dans les environs de Florence, en Toscane, Italie. Il observait pendant des années le ciel et il dessina, décrivit et mesura avec exactitude tout ce qu'il put. Grâce à son travail, on a pu démontrer comme étant fausse la théorie, jusque-là reconnue, d'un *cosmos géocentrique*, c'est à dire, que la Terre était le centre de tout et que Soleil, planètes et toutes les étoiles tournaient autour d'elle.

Galileo observa que la Terre était une planète et qu'ensemble avec les autres planètes, elles tournaient autour du Soleil. Avec d'autres astronomes Européens, tels que *Giordano Bruno*, *Nicolas Copernic*, *Johannes Kepler* ou encore *Tycho de Brahe*, Galileo commença à enseigner la vue moderne d'astronomie et du *système héliocentrique*. C'est ainsi que, cette dernière, devint une science exacte et se sépara de l'astrologie ou l'art d'étudier les étoiles, qui prétend pouvoir prévoir des événements à des traits de personnalité, selon la position des planètes dans le ciel.

Il a fallu des siècles, avant que la société soit prête à accepter ces notions scientifiques nouvelles. Galileo même, fut interdit d'enseigner et fut condamné pour ses idées et théories interdites et hérétiques par l'Église à prison à vie en 1633.»

Sirius gronda avec dédain : «J'ai lu que, Giordano Bruno a été mis au bûcher 33 ans auparavant, parce qu'il prétendait que notre Soleil n'était qu'une étoile parmi tant d'autres.»

«En plus, Galileo a dû renier ses théories comme étant des folies extraordinaires», se lamenta le Télescope. «Sa seule consolation était l'observation du ciel. Il a longtemps été accusé de blasphème. Ce n'est qu'en 1992 qu'il fût rétabli par le pape!»

Staila et Sirius se regardèrent avec étonnement. Comment est-ce possible, qu' au 20è siècle et alors que l'on peut déjà voler dans l'espace, on puisse encore douter de l'exactitude d'un monde héliocentrique.

Mais le Télescope continua : «Avec l'aide des techniques modernes, on a établi à présent des cartes très précises de la Lune, même de la face tournée dos à la Terre. Des sondes spatiales furent envoyées, elles ont tourné autour de la Lune et photographié la face cachée de la Lune.»

«Les êtres humains ont donné de très jolis noms aux paysages lunaires. Comme par exemple, *Mer de la Sérénité, Mer de la Tranquillité, Océan des Tempêtes*. Il y a même une *chaîne des Apennins* et le *Jura*, comme en Italie et en Suisse.»

Galileo Galilei

Et voilà déjà, le Télescope s'écria avec enthousiasme : «Et maintenant, mon spectacle promis!»

Sirius et Staila regardaient bouche bée, comment leur ami introduisait dans l'ordinateur les coordonnées de la Lune.

Tout à coup, son grand objectif commença à se tourner vers le disque argenté suspendu dans le ciel nocturne: «Grâce à ma monture robotisée - mon cerveau avec ses moteurs et ses transmissions que j'espère tous fonctionnent correctement -», plaisanta le Télescope, «je peux me déplacer avec précision. C'est pourquoi je peux viser n'importe quel objet dans le ciel pendant des heures sans le perdre de vue. En même temps, je reste toujours connecté à l'ordinateur.»

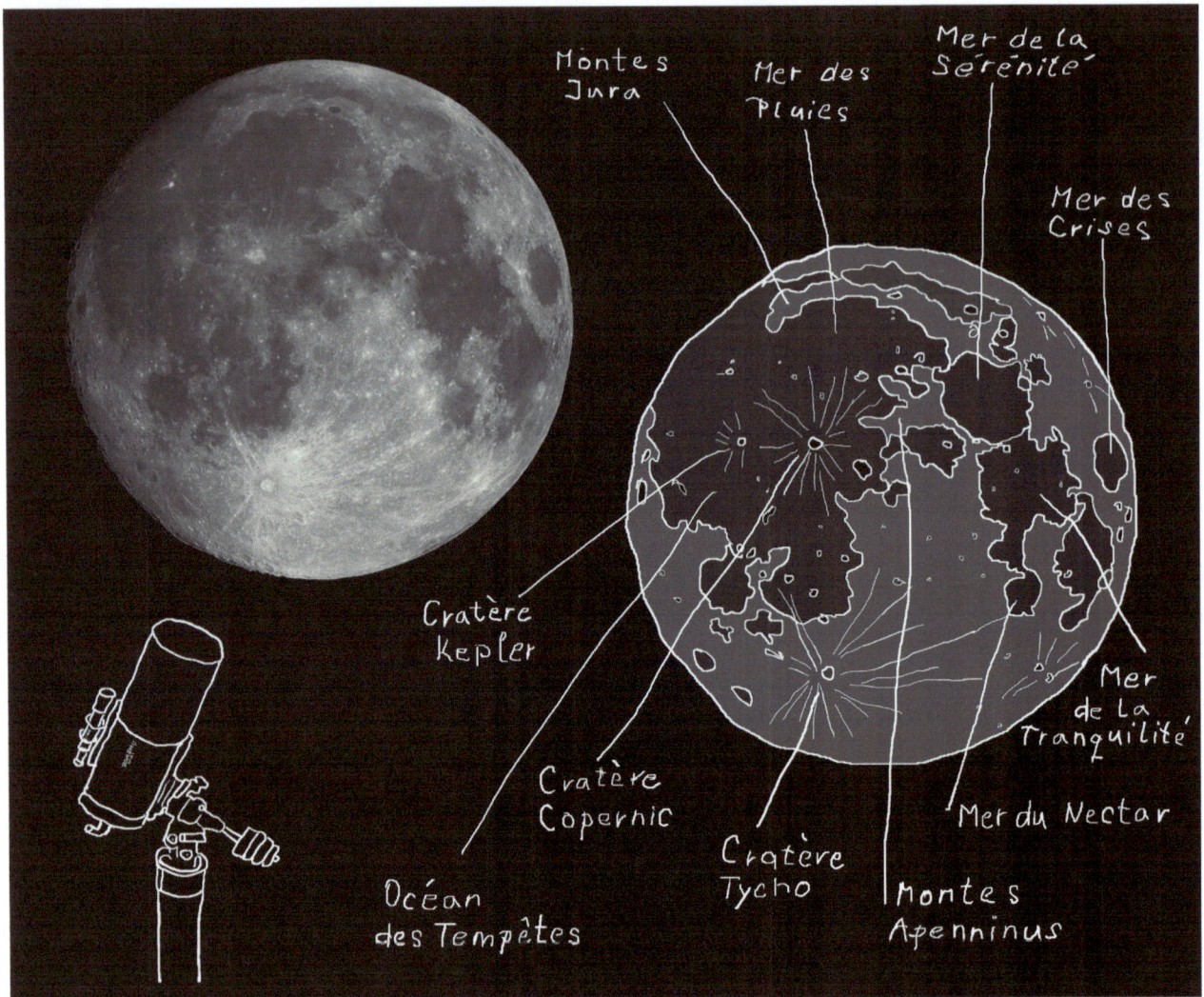

Observation de la Lune

Lorsque tout était prêt, le Télescope se montra satisfait et donna à nos deux amis un signal de lumière rouge. D'un seul bond, chatte et chien furent près du Télescope, montèrent sur la banquette déjà prête et regardèrent à tour de rôle dans l'oculaire. Ils avaient du mal à détacher leurs yeux de cette vue presque magique: «Fabuleux. Nous n'avons jamais encore vu la Lune de si près! C'est comme à partir d'une navette spatiale!»

Sirius prit immédiatement son calepin et y nota et dessina tout ce qu'il avait entendu et vu: la Lune avec ses mers, océans, montagnes et nombre infini de cratères.

«Toute la surface est montagneuse et couverte de régolithe.»

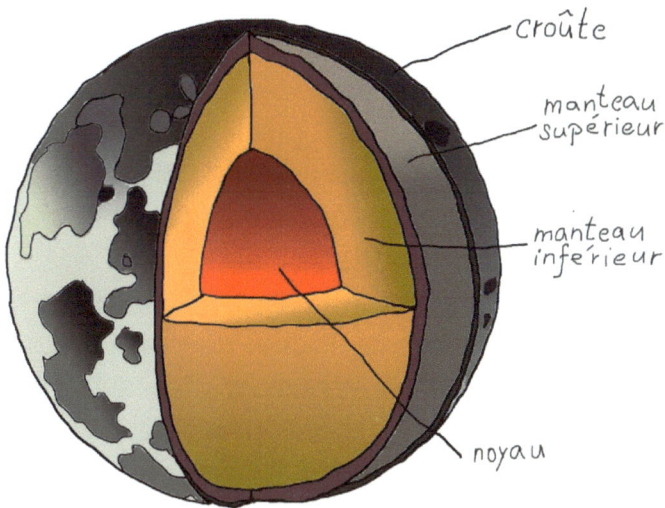

Intérieur de la Lune

«Avec quoi? – relith?»

«Non, le *régolithe* – est une substance lâche constitué de poussière, et de terre meuble, et de pierres cassées de taille différentes», expliqua le Télescope à la chatte et continua: «Et en ce qui concerne mers et cratères, curieusement, les sondes envoyées du côté de la face cachée de la Lune, n'ont détecté ni de mers géantes et peu de cratères, seulement quelques-uns de taille moyenne et des plus petits.»

Sirius enleva ses yeux de la lentille oculaire : «Mais pourquoi la surface de la Lune est-elle si rocheuse, si caillouteuse et poussiéreuse?»

«Et d'où viennent tous ces cratères?», se joignit Staila à la conversation.

«Si cela vous intéresse tellement, je vais vous le dire», commença à raconter le Télescope. Ses amis se turent, parfaitement, pour ne rien manquer.

«Il y a bien longtemps, plus de 4 milliards et demi d'années, la Lune était une boule géante et incandescente. Lorsque sa surface commença à se refroidir, elle se durcit pour former la *croûte lunaire*, un peu comme la surface d'un flan refroidie. Sous cette croûte, resta pour longtemps une couche brûlante liquide – un *manteau*, et, finalement, au centre, un *noyau* métallique, embrasé au centre de la Lune comme un charbon incandescent dans un fourneau. De nos jours, il ne restent que peu de régions encore liquides autours du noyeau.»

«Au début, la jeune Lune fut bombardée, pendant des millions d'années, par des *astéroïdes* et des *météroïdes*. Leur impact créa des cratères de tailles différentes dans la croûte lunaire. Quelques-uns ont plusieurs milliers de kilomètres de large avec des murs aussi hauts que les Alpes! Par contre certains sont si petits qu'on peut à peine les voir.»

«Un instant, s'il vous plait», interrompit Staila. «C'est quoi des astéroïdes et des météroides?»

«Un astéroïde est un petit corps du système solaire en orbite autour du Soleil comme notre planète Terre. Il-y-a des millions d'astéroïdes et d'autres corps célestes dans le système solaire. Entrant en collision, ils peuvent se détruire ou s'agglomérer. Quelquefois ils peuvent être poussés en dehors de l'orbite et quitter le système solaire ou ils peuvent tomber sur un grand corps céleste voisin.»

«Oué, mais c'est comme dans mon jeu de billes», dit Staila en riant et compara la collision de corps célestes avec son jeu favori. «Ou bien les billes s'éloignent les unes des autre, ou bien si elles sont près du trou, elles tombent dans le trou en faisant un cercle.»

Le Télescope acquiesça en grommelant: «Les *météoroïdes* sont beaucoup plus petits que les astéroïdes et présents en plus grand nombre. Ce sont des objets dans l'espace interplanétaire. Le phénomène lumineux qu'on observe depuis le sol (sur Terre) s'appelle un *météore* ou une *étoile filante*. Si l'objet ou ce qu'il en reste après sa traversée de l'atmosphère, atteint la surface solide, et qu'à la suite de l'impact, on en reconnaît des fragments, ceux-ci prennent alors le nom de *météorite*.»

Avec un regard rapide, le Télescope s'assura de la concentration de ses deux amis: «Si un météorite passe trop près d'une planète ou de la Lune, il peut être attiré par ces dernières et s'y écraser. La plupart du temps, il est détruit par la collision et forme un cratère. En conséquence, il abime la surface de la Lune, ainsi que les cratères plus anciens. Ainsi se forment des décombres de roche, des ravins et bien sûr de la poussière lunaire - justement le régolithe, dont on a parlé.»

Le Télescope s'assura d'avoir toujours la Lune dans son oculaire.

«Des milliers de météorites ont creusé cratère après cratère dans la surface de la Lune. De ce fait, le satellite fut fortement secoué par des tremblements lunaire, sa croûte se fissura et de la lave, provenant de l'intérieur de la Lune, coula dans les cratères. Ainsi se constituèrent les mers brûlantes qui bouillonnaient et formaient des bulles. Durant les millions d'années suivantes, les mers se refroidirent et se transformèrent en une roche obscure et froide.»

«Oh, lala!», s'écria Staila amusée, «on ne peut vraiment pas nager dans une mer de pierre pareille! Pas nager, ni faire du patin à glace. Rien que des rochers, des débris et de la boue.»

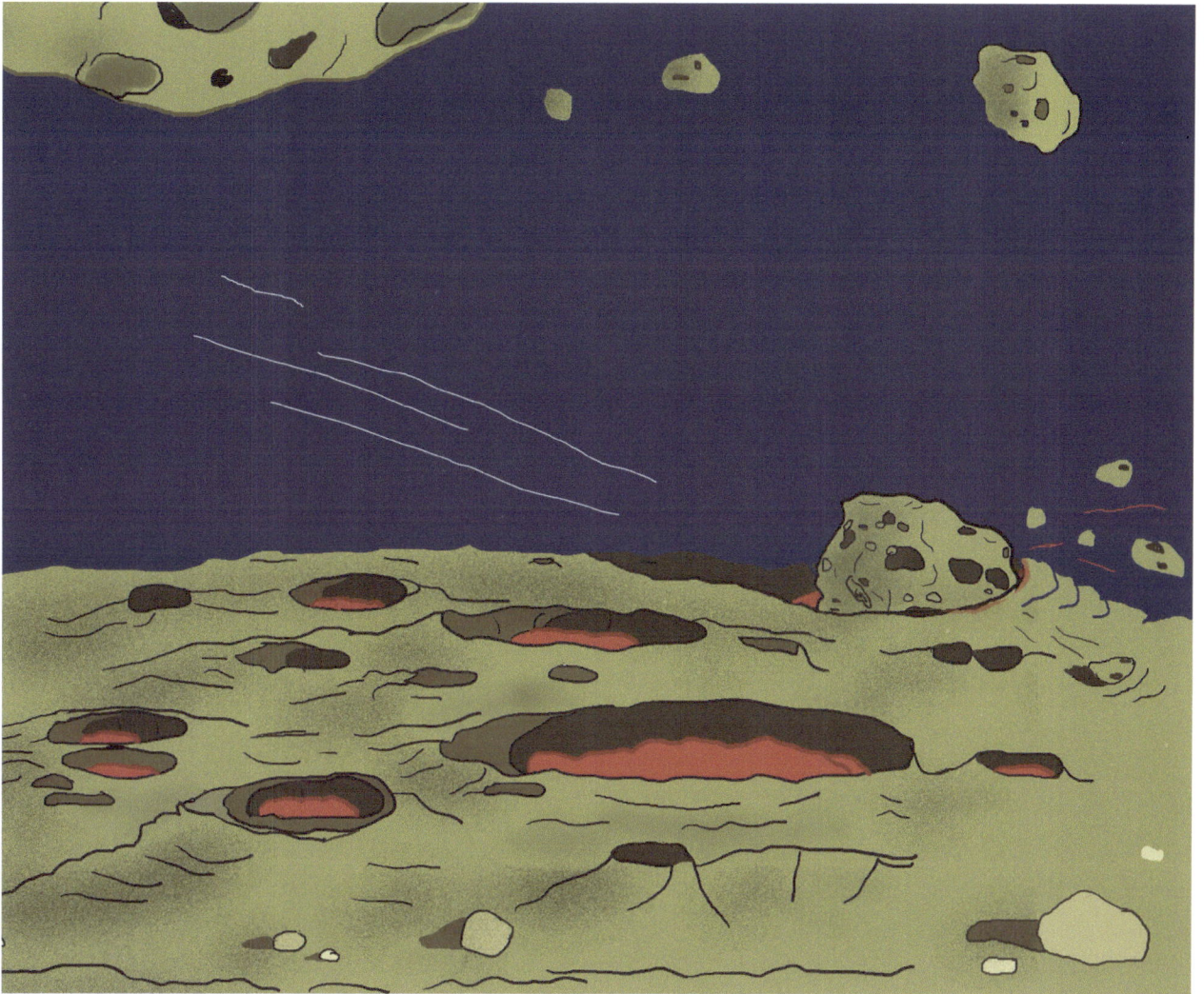

La jeune Lune bombardée par des astéroïdes et météoroïdes

CHAPITRE 7 :
LA DÉESSE THEIA ET LA NAISSANCE DE LA LUNE

Dehors il commençait à faire froid et Sirius et Staila étaient très contents d'être à l'intérieur de la coupole, protégés du froid nocturne de la montagne.

«Mais en fait d'où vient la Lune? Tourne-t-elle depuis toujours autour de la Terre?», demanda Sirius.

«Personne ne le sait avec exactitude», dit le Télescope. «Les opinions sur son origine sont très différentes. Il fut un temps où on pensait que la Lune se fut libérée de la *force centrifuge* de la Terre, en laissant derrière elle, le fond de l'océan comme cicatrice...»

«Au fait, qu'est-ce que c'est la force centrifuge ?», demanda Staila.

Sirius la regarda et répondit : «C'est la force fictive ressentie dû aux mouvements de rotation. Elle se traduit par une tendance à éloigner les corps du centre de cette rotation. Tout ce qui n'est pas attaché, s'envolera. C'est comme lorsque nous jouons aux statues. Quand je te fais tourner autour de moi et te lâche soudainement, la force centrifuge te lancera loin de moi.»

«Alors, je ne suis qu'un corps tour-billonnant», dit la chatte, moitié fâchée, moitié en rigolant.

Le Télescope continua à expliquer : «D'autres pensent que la Lune soit venue du fond de l'espace. Et que l'attraction terrestre l'ait forcée dans son orbite. Pourtant, aujourd'hui, la plupart des astronomes pensent que notre planète Terre, jeune de 50 millions d'années et encore incandescente, entra en collision avec une autre planète. Cette dernière était aussi grande que la planète Mars et on la nommait *Theia*. Dans cette immense collision une énorme quantité de matériaux de Theia et de la Terre fondit et soi-disant fut éjectée dans l'espace et commença à tourner autour de la Terre formant notre Lune.

Le joli nom de Theia provient du grec et ce fut la déesse de la lumière. D'après la légende, elle serait la mère de la déesse de la Lune, Luna, du dieu du Soleil, Hélios et de la déesse des rougeurs de l'aube, l'aurore, Aurora. Ses parents seraient, le dieu des cieux, Uranus et Gaïa, la puissante déesse de la Terre.»

Sirius remua joyeusement sa queue, car il aimait beaucoup les légendes

La déesse Théia et la création de la Lune

grecques. Il dessinait déjà la collision des deux planètes, la naissance de la Lune, sans oublier d'ajouter la ravissante déesse Theia.

Staila aimait bien le dessin, mais elle voulut en savoir plus : «Maintenant, je sais comment la Lune est née et de quoi á l'air son paysage. Mais, est-ce que l'un de vous pourrait me dire, quelle est la taille de la Lune et à quelle distance de nous se trouve-t-elle? Fait-il froid ou chaud là-haut?»

Avec sa patte, Sirius attrapa le livre se trouvant sur la petite table à côté du Télescope, l'ouvrit au chapitre sur la Lune et commença à lire : «La Lune se trouve en moyenne à 384,4 mille kilomètres de distance de la Terre. Son orbite est pratiquement un cercle de 2,5 millions de kilomètres de circonférence.

Le diamètre de la Lune est de presque 3 500 kilomètres et sa température de surface est en moyenne de -23 degrés Celsius.»

«Aha! Il fait donc bien froid sur la Lune!», s'étonna Staila. «Ici, dans la Val Müstair, il ne fait aussi froid que quelques jours par an.»

«Oué, mais imagine toi», répliqua Sirius en continuant à lire, «que sur la Lune, la température peut descendre jusqu'à 240 degrés en dessous de zéro, ou bien monter à une chaleur torride de 123 degrés au-dessus de zéro. Nous serions donc, sans protection, soit surgelés en quelques minutes ou bien, lentement rôtis sous la chaleur. Ils disent également, que tout est six fois plus léger sur la Lune que sur la Terre.»

«Alors, je ne pèserai á peine un kilo là-haut, et toi aussi», dit Staila en riant à cette seule pensée.

CHAPITRE 8 :
UN RAYON DE LUMIÈRE MAGIQUE ET LE DÉBUT DE L'EXPÉDITION

Staila et Sirius étaient de nouveau absorbés par les images de la Lune á travers l'oculaire. La petite chatte s'écria tout á coup, ardemment : «Oh, comme j'aimerais m'envoler un jour vers l'espace !»

Et Sirius répliqua : «Oui, j'ai toujours rêvé de devenir astronaute.»

«Ce serait vraiment votre plus grand désir, de visiter la Lune?», demanda le Télescope tout en se penchant vers les deux amis. Il cligna de l'oeil vers sa lentille oculaire et dit d'un air mystérieux : «Si c'est le cas, je pourrai satisfaire votre désir...»

«Vraiment? Et comment?», s'écrièrent nos deux amis à quatre pattes impatients de partir à l'aventure.

«J'ai des pouvoirs magiques et je peux vous jeter un sort qui vous permettra de voyager dans l'espace, sans sentir la chaleur, ou le froid et avec une seule inspiration ici, vous aurez assez d'air et de forces pendant toute votre odyssée.»

Staila et Sirius n'en pouvait plus d'attendre ce qui allait arriver.

Le Télescope se tourna soudainement et en vibrant doucement vers sa table, où se trouvait un pointeur métallique qui avait une petite lentille et un bouton sur le côté : «Ça c'est mon pointeur magique. Il envoie un rayon vert lumineux qui peut atteindre les étoiles.»

Staila prit tout de suite la baguette métallique et pressa sur le bouton. Au là! Instantanément elle toucha la Lune avec un long doigt vert et brillant.

Le Télescope continua à réfléchir à voix haute : «Je crois que je devrais d'abord vous envoyer à la Mer de la Sérénité. C'est là qu'ont atterri les hommes pour la première fois sur la Lune. Staila, s'il te plait, place le pointeur sur mon tube de telle façon, qu'il se dirige exactement dans la même direction où je regarde, puis attache le avec un velcro pour qu'il ne tombe pas. Place ce velcro sur le bouton pour que le rayon vert pointe toujours à l'endroit exact où vous devez atterrir sur la Lune.»

Staila fit aussi vite que possible comme indiqué. Nos petits amis tremblaient d'impatience, ils retenaient leur souffle, leur cœur battait la chamade. La curiosité et la soif d'aventure étaient bien plus fortes que la peur.

Le Télescope clignota avec ses lumières rouge et bleue, et déclara solennellement à voix basse : «Je vous remets maintenant quelques-uns de mes pouvoirs magiques. Ils vont vous protéger pendant votre voyage et vous permettront de voler sur des rayons lumineux magiques.»

Les deux amis à quatre pattes se regardèrent avec grand enthousiasme.

«Ah, oui, emportez aussi ce petit walkie-talkie. Ainsi, nous pourrons toujours rester en communication. Et ici, prenez cette autre baguette magique qui accéléra vos transferts sur la Lune et dans l'Espace. Il vous suffit pour cela de pointer vers votre but, de pousser le bouton et tenir fermement la baguette dans la patte. Attache les deux immédiatement à ton collier, Sirius», recommanda le Télescope sachant l'im-

portance des préparations pour une telle expédition.

Le Télescope était un peu triste, comme on l'est souvent quand il faut se dire au revoir: «Voilà, mes camarades, il est temps de partir. Ayez toujours le souci de ne jamais porter préjudice à la surface lunaire et à la nature, à laquelle appartiennent, la Lune, l'Espace entier, et nous tous. Je vous souhaite un bon voyage, plein d'aventures et de découvertes.»

Le Télescope visa droit le rayon magique sur le rebord sud de la Mer de Sérénité et Sirius et Staila s'approchèrent de la lumière verte du pointeur avec leurs pattes prêtes à l'attraper.

Ils commencèrent à compter à rebours comme ils l'avaient entendu souvent à la Télé : «Dix, neuf, huit, sept, six, cinq, quatre, trois, deux, un, LIFTOFF», et leurs pattes s'emparèrent fermement du rayon magique.

Le début de l'expédition sur la Lune

CHAPITRE 9 :
LUNA ET APOLLON

En un éclair et avant que vous ne puissiez dire vingt et un, le signal lumineux a déposé nos deux aventuriers sur la Lune. Tout-à-coup, ils se trouvèrent au bord d'un trou moyen, rempli de sable et de gravier. Ils commencèrent immédiatement à glisser sur le sable et les deux roulèrent au fond. Ils roulèrent si lentement et si doucement que personne ne fut blessé.

«Woof», s'exclama Sirius surpris.

«Oh ! miaou», ronronna Staila.

Les deux se mirent debout et secouèrent la poussière de leur fourrures. Ils regardèrent par-dessus le bord du cratère et virent une large plaine dépourvue d'arbres et de ciel bleu. Au de-là de leurs têtes, s'étendait l'espace noir, avec une infinité d'étoiles. Autour d'eux, il n'y avait que des rochers, des cailloux et de nombreux cratères, grands et petits. Certains étaient très larges et profonds et pour les traverser à pied, il aurait certainement fallu plusieurs jours. D'autres étaient plus petits ou aussi minuscules que des fossettes après un orage de grêle.

«Ce sont donc les fameux cratères lunaires», chuchota la chatte à l'oreille du teckel, bien qu'il ne fût personne dans les alentours qu'ils auraient pu déranger.

Les deux se hissèrent sur le rebord du cratère et glissèrent doucement le long du mur extérieur. Ils avaient l'étrange impression d'être très légers. Mais bientôt, ils se rappelaient de ce que Sirius avait lu dans la coupole et ils se rendirent compte que la meilleure façon d'avancer, était de sautiller à quatre pattes.

Tout d'un coup, le walkie-talkie qui pendait au cou de Sirius, se mit à grésiller: «Allô, ...allô! M'entend...-vous?», ils reconnurent la voix tremblante et intermittente du Télescope.

«Oui, oui, nous sommes là et tout va bien!», Staila s'empressa de répondre, heureuse d'entendre la voix de leur ami, resté sur Terre.

«Me voilà .onc heureux! Voyez.. ous l'énor... plaine s'étendant vers l'horizon? Devrait être juste ...vant vous. C'est la Mer de la Sér..ité. L'Apollo 11 atterrit sur le côté sud de la Lune le 20 Juillet 1969 avec les premie.. hu.ains. L'équipage se comportait des astronautes améric...

Michael Collins, Neil Armstrong et Edwin 'Buzz' Aldrin.»

Sirius et Staila examinèrent minutieusement les alentours.

«Pendant que l'astronaute Mike ...ollins tournait autour de l'orbite abord du module de c..mmande *Columbia* (appelé après Christophe Colomb, qui découvrit l'Amérique au 15ème siècle) les deux autres montèrent à bord du module lunaire *Eagle* (l'aigle, le symbole des Etats-Unis d'Amérique), sép..é de Columbia et descendirent sur la sur..ce de la Lune. Après avoir atterris, Armstrong confirma le succès avec cette phrase c..èbre: *The Eagle has landed* – l'aigle a atterri.»

Sirius fit un bond en avant, baissa sa tête et commença à renifler: «Staila, viens, dépêche-toi! J'ai découvert des empreintes de grandes bottes. Elles pourraient nous conduire à l'endroit exact de l'atterrissage!»

En quelques bonds la petite chatte rattrapa le teckel qui s'était courageusement mis en chemin pour suivre les traces avec son museau à ras du sol comme un vrai chien de chasse. Soudainement, Staila s'arrêta et remua les poils de sa moustache excitée.

«Là-bas! Je vois quelque chose qui ressemble à une moissonneuse, avec de curieux grands miroirs, et à côté de lui, une boîte avec des antennes!»

Le walkie-talkie pendu au cou du teckel grésilla à nouveau : «Je pense que ça pour..it être des instruments scient....ques, que les astron...es auraient laissé sur la .une. Ils nommèrent cet endroit de leur atterrissage *Tranquility Base.*»

Aussi vite que la gravité de la Lune le leur permit, Sirius et Staila atteignirent des instruments abandonnés. Ils les examinèrent soigneusement de tous les côtés. Ils trouvèrent aussi parterre, des traces de rayures - les empreintes de chaussures, laissées à jamais dans le sable, car ici, il n'y a ni vent, ni pluie pour les effacer.

Pour ne pas se perdre avec Staila, Sirius marqua les grands rochers à sa façon canine. Tout à coup il s'arrêta et aboya d'une façon exubérante. Il venait de trouver quelque chose d'intéressant.

«Vois-tu là, ce cadre métallique sur quatre pattes? C'est certainement la partie inférieure du module d'atterrissage *Eagle* dont l'étage de remontée s'est débarrassé lorsqu'il a quitté la Lune pour revenir à la navette Columbia afin de revenir avec elle sur la Terre.»

Et comme Sirius a une vive imagination, il a tout de suite figuré les modules Eagle et Columbia à *Tranquility Base* et en orbite autour de la Lune: «Eh, regardes là-bas à l'horizon – c'est surement le drapeau américain. C'est très rassurant. Alors c'est vrai!»

«Que veux-tu dire?», demande Staila avec étonnement.

«J'ai entendu dire que certaines gens ne croient pas qu'il y ait eu un atterrissage sur la lune! Ils disent que c'est une histoire inventée. Ils disent aussi que le drapeau ne peut pas flotter puisque il n'y a pas d'air et de vent sur la Lune. Maintenant, nous savons que le drapeau est tenu horizontalement avec une fine baguette…»

«Je vois des nuages qui arrivent de l'horizon», dit Staila étonnée. «N'avez-

Tranquility Base

vous pas dit que sur la Lune il n'y a pas d'atmosphère ?»

«Il n'y aura pas de pluie produite par ces nuages. C'est un orage de ..oussière transportée par des particu... électriques qui ont la même polarité que la surface lun..re.»

«C'est comme des aimants de même polarité, plus on essaie de les approcher, plus ils se repoussent», Sirius ajouta à la conversation.

«Oui, je sais très bien. J'ai une souris magnétique que je poursuis avec une baguette magnétique», se souvint immédiatement Staila de son jouet préféré.

«Pour les as....autes et leurs ...truments, cette poussière lunaire est très dan..reuse. Elle se colle partout, comme si elle était ..ouillée. Et pourtant, il n'y a aucune trace d'eau. Les particules de poussières entrent part.., même dans les plus petits recoins. Elles entrent même dans les costumes spacieux et peuvent bles..r la peau et les poum... des astronautes. Comme grand danger, elles peuvent arrêter les machines et les instruments scient... ques. Jusqu'à ce jour on n'a pas encore trouvés les moyens efficaces de protéger l'équipage de cette poussière.»

Heureusement le nuage de poussière changea brusquement de direction et ne signifiait plus un danger imminent. Un grand soulagement pour nos amis.

Mais comme si cela ne suffisait pas, Sirius fit soudain un bond de côte: «Attention ! Baisse ta tête, Staila !»

Un petit météorite passa à toute vitesse au-dessus de sa tête avant de tomber dans le sable.

À ce moment, le Télescope d'une voix soucieuse les prévint : «Vous-avez reçu une visite d'un mété...te, es-vrais ? Vous êtes, en principe, prot..és par ma magie, mais vous devez ..algré tout, faire attention. Il y a cons...ment des averses de météorites mais moins ..mbreuses qu'il y a quelque milliards d' années. Puisqu'il n'y a pas d'atmosph... lunaire, ces corps célestes ne brulent pas au-dessus de la surface lunaire, alors ne vous attendez pas à voir des étoiles filantes ou des météores.»

Soucieux, Sirius et Staila, jetèrent un coup d'œil pour s'assurer d'un danger possible. Mais cette fois-ci, il n'y avait que le silence obscur du cosmos profond.

Sirius et Staila contemplent la Terre de la Lune

CHAPITRE 10 :
BUGGY LUNAIRE ET L'ASTRONAUTE TOMBÉ

«Tu sais ce qu'est mon grand désir?», dit Sirius en soupirant. «De conduire un des trois véhicules lunaires qui furent abandonnés ici par les astronautes.»

«Ah! Mais pour faire cela, vous êtes au mauv... endroit! Il y eut des ..ouzaines de missions vers la ..une. Les premières ne transportaient p.. d'humains à bord. C'étaient des sondes qui étudi... et photographièrent la Lune depuis l'orbite ou plus tard après s'être posé sur la Lune.»

«Mais les plus passionnantes étaient les missions humaines», dit Sirius avec admiration.

«Certainement, mais avant que quelqun pui..e finalement conduire un buggy sur la Lune, il y eut des efforts humains infinis pour l'exploration du monde et des lois de la nature.

Quand Neil Armstrong atterrit comme premier humain sur la surf..e lunaire, il proclama solennellement: *C'est un petit pas pour un homme, mais un pas géant pour l'humanité.*

Malheureusement Neil nous a quitté le 25 août 2012, dans l'Etat américain d'Ohio à l'âge de 82 ans.»

Sirius et Staila était silencieux et regardèrent avec émotion les empreintes des bottes lassées depuis si longtemps par Neil et Buzz.

Le Télescope continua : «Tous les pays industriel dév...ppés parti...ent â l'explo..tion de l'espace. Le rôle le plus important dans la recherche de cosmos et dans le progr..me d'alunissage doit être attribuée à deux pouvoirs mondiaux : Les États-Unis d'Amérique et l'Union Soviétique. Ils appelèrent leurs sondes et leurs ...sions lunaires d'après des dieux connus et puissants de l'antiquité. Les Soviets les nommaient d'après la déesse grecque de la Lune, *Luna*, et les Amér...ins appelèrent leurs missions du vol lunaire, *Apollon*, le dieu de pèlerinage, établissant des nouveaux mondes, un arquebusier avisé et le mâitre de toutes les muses.»

Pendant que le Télescope continuait ses explications, Staila et Sirius tournoyaient autour de Tranquility Base et examinaient des vestiges abandonnés. Ils trouvèrent aussi une paire de bottes d'un costume spatial, la caméra qu'Armstrong avait laissée et quelques sacs poubelles.

«L'enjeu des missions entre ces deux

nations ne se jouait parfois que sur quelques semaines. Le premier véh…le sur la Lune était un robot envoyé en 1970 par la fusée soviétique Luna 17, qui atterrit au bord de la Mer des Averses, sur le côte ouest. Ils l'appelèrent Lunochod, qui veut dire *marcher sur la Lune* en russe. Le véhicule était contrôlé depuis la Terre, et marcha pendant presqu'une année avec des batteries solaires. Pendant ce temps il roula plus de dix milles mètres, exam..ant et photographiant la surface lunaire. Quand vous reviendrez sur Terre, je vous montrerai les photos de la Lune avec toutes les missions impor…tes d'Apollo et Luna.»

«Mais maintenant, tu veux certainement enfin savoir où l'on peut trouver le véhicule lunaire le plus proche que les astronautes conduisaient, n'est-ce pas, Sirius», demanda le Télescope au petit chien d'une voix compréhensive.

«Waf, waf», aboya Sirius, en acquiesçant et sautillant de joie. A cause de son poids réduit, il flotta en espace quelque temps avant de retomber sur ses quatre pattes.

«En 1971, l'équipage de la mission Apollo 15 était la première à emporter un véhicule lunaire qu'ils ont appelé le *Rover lunaire*, et bientôt on commença à le surnommer avec affection le *Moon Buggy* d'après le fameux véh..ule de récr..tion. Ce nom lui

est resté pour de bon.»

Sirius écoutait si attentivement qu'il oublia de regarder où il allait. Avant de pouvoir réagir, il trébucha sur une grosse pierre et fit une culbute après l'autre, tout en volant dans l'espace. Après s'être réassurée que son ami était sain et sauf, Staila se mit à rire : «Tu rebondissais comme le ballon qu'on se lance dans le jardin.»

Sirius brossa la poussière avec impatience : «Chut, ne dérange pas.»

«Le Moon Buggy pouvait atteindre jusqu'à 12 km/h de vit..se ce qui permettait à l'équipage d'expl..er une plus grande superficie loin du m.dule lun..re au lieu de sauter de ci de là. Mais conduire le Buggy est loin d'être facile. Partout où il allait, il laissait un én.rme nuage de poussière derrière lui, sautait sur des pierres et des r.ches comme un poney sauv.ge, et avait b...coup de mal à ne pas être renversé.»

«Mais où pouvons-nous trouver le Moon Buggy?», demanda Sirius, impatiemment.

Tout à coup, le walkie-talkie devint silencieux, sauf quelques grésillements. En peu de temps, ce silence soudain suscita un sentiment de solitude étrange. Sirius et Staila craignaient d'avoir perdu communication avec la Terre.

Heureusement, au bout de quelque temps qui parut une éternité, la voix de leur ami se manifesta: «Voilà, je l'ai. Pardonnez-moi mes amis, j'ai dû trouver les coor...nées exactes pour vous mettre dans la bonne direction. Regardez à l'horizon. Le signe vert de ma baguette magique vous montrera dans quelle direc...n vous devrez pointer celle que je vous ai donné avant votre départ et que Sirius a attaché à son collier. Ainsi, je peux vous guider vers les montagnes Apennins, à l'endroit où Apollo 15 a atterri.»

Sirius et Staila firent exactement ce que le Télescope leur avait demandé. Aussitôt qu'ils virent le point lumineux à l'horizon, ils se tinrent fort par les pattes, dirigèrent leur pointeur dans la bonne direction et appuyèrent sur le bouton. En un rien de temps ils se trouvèrent à des centaines de kilomètres, au milieu du paysage lunaire de la région des Apennins.

Luna et Apollon

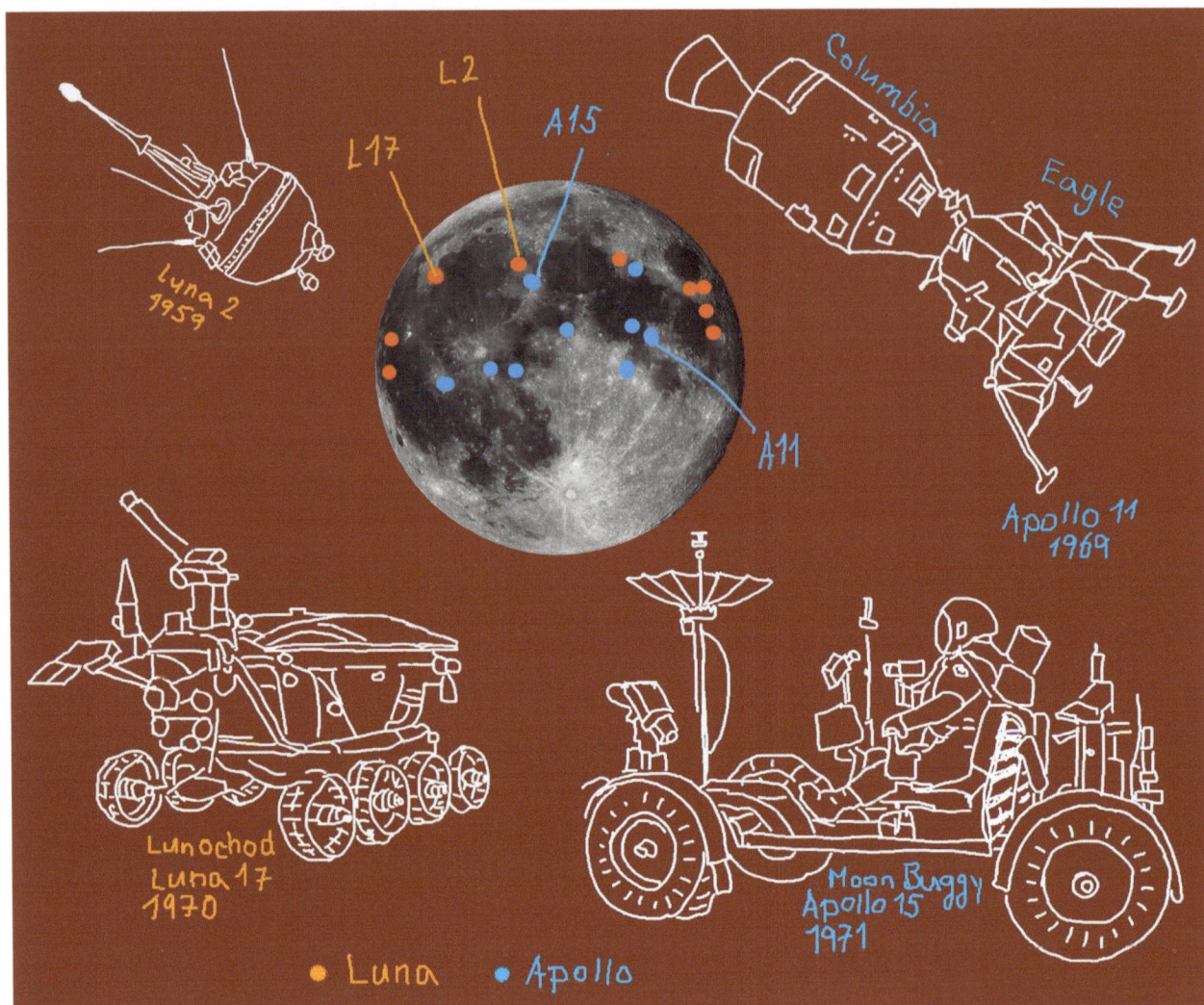

Expéditions vers la Lune

Ils ne croyaient pas leurs yeux. Juste devant eux, sur une petite colline proche, debout dans toute sa beauté, se trouvait le Moon Buggy ! Tant que la faible gravité de la Lune leur permettait, ils commencèrent à trébucher et sauter aussi vite qu'ils le pouvaient pour arriver au rover. Impatiente, Staila, tout à coup, fit un grand bond d'une pierre et hop, aboutit sur le siège à rayures du Buggy. Malheureusement, cela suffit pour que le véhicule commença à basculer et à descendre la colline. Prenant de la vitesse, il remua tout de suite un grand nuage de poussière.

«Au secours, au secours !»

Sirius se dépêcha, tant qu'il put, derrière Staila. Pleine d'angoisse, la pauvre chatte se blottit dans le siège et se cramponna avec ses griffes. Elle attendait l'inévitable collision sur un des grands rochers proches.

Heureusement le Moon Buggy n'alla pas très loin. Ses roues avant s'enterrèrent profondément dans le sable et le véhicule s'arrêta brusquement. Ceci éjecta Staila de son siège et elle atterrit à quelques mètres à l'avant du Buggy et resta là – immobile. Finalement, Sirius arriva et plein d'angoisse et d'inquiétude commença à sautiller autour de son amie, la reniflant, la tâtant gentiment avec son nez. Mais nous savons tous que les chats ont neuf vies et que même un atterrissage brutal sur la Lune fait moins de dégâts et mal que sur la Terre. Après un certain moment, Staila ouvrit les yeux, monta sa queue au-dessus de sa tête et se mit sur ses pattes.

«T'as vraiment de la chance, Staila», dit Sirius sur un ton réprobateur. Quand il vit son amie saine et sauve il se tourna pour examiner le Moon Buggy et voir s'il y avait des dégâts et comme ils ne trouvèrent rien de bien grave, nos deux amis poussaient de grands soupirs de soulagement.

«Ça y est ! Plus de tours de Buggy», murmura Sirius.

Pour plus de sécurité, ils poussèrent deux pierres sous les roues avant du véhicule, pour l'empêcher d'avancer. Ce faisant, ils remarquèrent une plaque métallique qui ressortait du sable. Devant elle, entre les traces de chaussures des astronautes, se trouvait une petite figurine argentée.

«Nous avons trouvé une petite statuette et une plaque, portant des noms», informèrent ils à Terre.

Le Télescope répondit d'un ton solennel :«C'est un monument pour tous les cosmonautes et astronautes qui ont perdu la vie pour l'avancement de l'exploration de l'Espace. Sur la plaque figurent 14 noms et devant elle, se trouve la statue, une statue en aluminium appelée *l'Astronaute Tombé (the Fallen Astronaut)*.»

Sirius et Staila baissèrent le regard en silence. Ils éprouvaient une grande humilité et un immense respect pour ceux qui avaient donné leur vie pour la recherche scientifique.

Moon Buggy et le 'Fallen Astronaut'

CHAPITER 11 :
NOSTALGIE POUR LA VAL MÜSTAIR

Après toutes les aventures endurées pendant ces dernières heures, nos deux amis sentirent une grande fatigue les envahir. Ils tournèrent leur regard vers l'obscurité au-dessus d'eux et virent au lointain, leur planète bleue, la Terre, flotter dans le ciel. Tout à coup, tous les deux s'ennuyaient de la nature inondée d'un soleil chauffant, du chuchotement du vent, du bouillonnement des ruisseaux dans la montagne, et du chant des oiseaux. Ils se souvinrent des cloches des vaches et des moutons, et du parfum de l'herbe coupée dans les prairies de la Val Müstair. Ils s'approchèrent d'un groupe de cratères et s'assirent dans la poussière.

Regardant vers ses amis

Sirius et Staila récupèrent leurs forces pour le prochain voyage

Staila chuchota : «Sirius, je suis si épuisée et la maison me manque tellement…»

Un nœud se forma dans sa gorge et elle se tut afin que Sirius ne remarque pas qu'elle était au bord des larmes. Elle s'étira, rampa dans un petit cratère et appuya sa tête sur le rebord.

La voix apaisante de leur ami sur Terre perça alors le silence de la Lune : «Alors, voyons voyons, mes chers. Aujourd'hui vous-avez vu tant de choses, vecu tant d'aventures, et vous-avez tant appris. Le chemin de la connaissance est souvent long et douloureux. Mais vous deux, vous n'êtes pas des lavettes et maintenant que vous êtes venus de si loin, ce serait bien dommage de couper court à cette mission. En plus, assurez-vous, d'autres aventures vous attendent.»

La voix du Télescope redonna du courage à Sirius: «Je dois avouer que même moi je suis quelque peu épuisé. Dans cette condition on broie du noir. Viens, ma petite Steline, faisons une petite sieste bienfaisante qui nous donnera de nouvelles forces et de l'énergie pour continuer notre voyage.»

Staila avait du mal à garder ses yeux ouvert. A moitié endormie, elle acquiesça en faisant bouger ses oreilles. Après tout, elle est la chatte la plus curieuse du monde, ou du moins de la Val Müstair. Sirius se coucha à la base du cratère où sa compagne ronflait déjà. Sa tête tomba sur ses pattes avant et lui aussi, s'endormit très vite.

Loin sur la Terre, le Télescope n'entendit plus que les ronflements satisfaits de ses deux amis. Pour ne pas les effrayer par accident, il éteignit la radio et se réjouissait à l'avance de leur nouvelle aventure.

LES AUTEURS

Jitka et Václav, tous deux professeurs et chercheurs dans le domaine de la régénération du cerveau, ont travaillé dans des universités de pointe du monde, dont Harvard Université en Boston, MA (Etats-Unis d'Amérique), Université de Lausanne (Suisse), Dalhousie Université en Halifax NS (Canada), École polytechnique fédérale de Zurich (ETHZ, Suisse), Iowa State University à Ames IA (Etats-Unis d'Amérique), et Académie de Science Tchèque à Prague (République Tchèque). Leurs recherches ont été publiées dans des journaux professionnels tels que *Science*, *Nature*, et *PNAS* (Proceedings of the National Academy of Sciences, USA). Ils ont participé à l'organisation de réunions internationales et ont été invité à présider des conférences scientifiques et présenter leurs travail de recherche.

Dans les laboratoires de Jitka et Václav ont été acceptés des étudiants licenciés et diplômés comme stagiaires, et ils ont collaboré avec des experts du MIT (Massachussetts Institute of Technology à Cambridge, (Etats-Unis d'Amérique), Yale University (New Haven CT, Etats-Unis d'Amérique), Karolinska Institutet à Stockholm (Suède) et aussi également avec des collègues de l'Académie Tchèque de Prague.

Pendant leur carrière scientifique, tous deux ont reçu des honneurs et des prix. Parmi eux, une invitation à faire une conférence au *Nobel Forum*, pour la faculté de jeunes scientifiques de l'Institut Karolinska à Stockholm (Suède). Ils ont reçu le premier prix offert par le Parkinson's Action Network et la *Fondation Michael J. Fox* pour le développement de nouvelles méthodes pour traquer les cellules souches neurales (Etats-Unis d'Amérique, 2000), ainsi qu'un prix (*Pfizer Prize in Neuroscience*) de co-auteurs pour une étude sur la base génétique du développement du cerveaux publié dans le journal *Science* (1998).

En dehors de leur recherches en neurosciences, Jitka et Václav étaient passionnés d'astronomie et aimaient de faire l'astrophotographie et la photographie de la nature. De même, ils aimaient d'écrire des articles scientifiques populaires et des livres pour jeunes. C'est ainsi, qu'après une carrière de 30 ans couronnée de succès, ils décidèrent de réaliser leur rêve et créèrent un centre européen d'astrophotographie.

Au début de l'année 2008, ils retournèrent en Suisse et après une longue recherche attentive pour trouver l'endroit idéal, ils découvrirent le village de Lü dans la partie est des Alpes suisses du Canton de Grisons. Leur enthousiasme sincère fut contagieux et dans les deux années qui suivirent, avec le support des autorités du Comté et du Canton, l'Astrovillage Alpin Lü-Stailas été inauguré en décembre 2009, pendant l'Année Internationale de l'Astronomie. Dans le dialecte romanche de la région, Lü-Stailas se traduit *Lumière des Étoiles*.

L'objectif principal est d'éveiller la cu-riosité de tous les amateurs de nature et d'astronomie - aussi bien astro-nomes amateurs débutants ou avancées - et de leur permettre d'ob-server le cosmos dans d'excellentes conditions et de s'initier à l'astrophotographie. Les fondateurs s'enfforcent également à éveiller la conscience du publique quant à la nécessité de protéger les habitats naturels de l'expansion humaine, qui aboutit à l'augmentation de la pollution lumineuse.

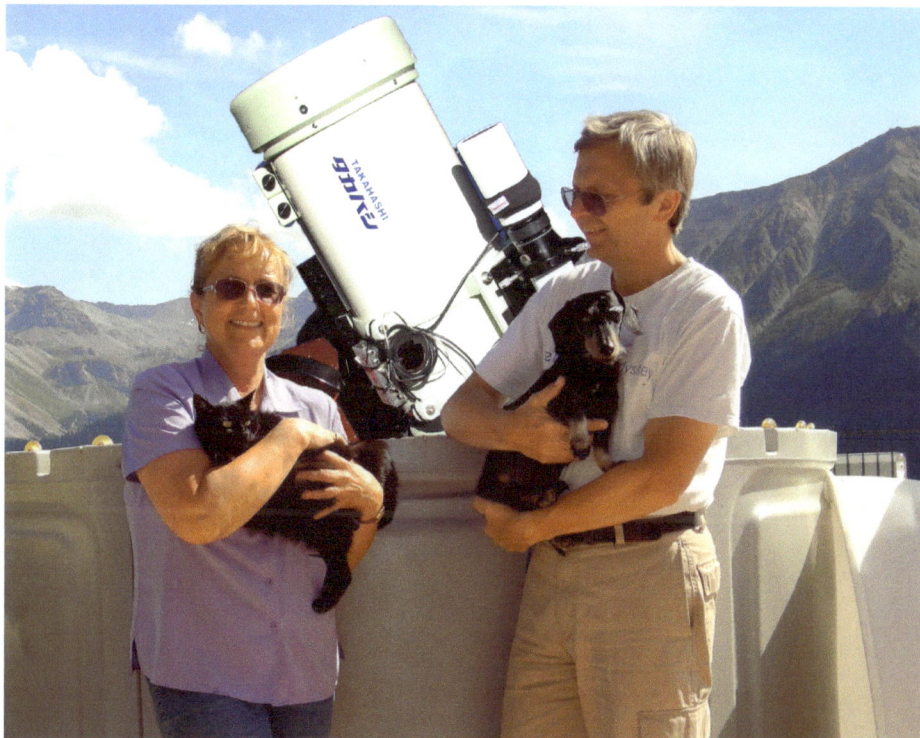

Jitka et Václav avec leurs trois amis

www.ingramcontent.com/pod-product-compliance
Lightning Source LLC
Chambersburg PA
CBHW042016080426
42735CB00002B/72